盧國慶著

儒家思想與中西哲慧的啓示與融通

揚智文化事業股份有限公司

儒家思想與中西哲慧的啓示與融通

目錄

自序

善慧菩薩是南北朝時代聞名的傅大士，生於公元四九七年，是一位出色的禪宗先鋒。有一天，善慧穿著和尚的袈裟，道士的帽子，和儒家的鞋子來朝見梁武帝；武帝看見他這身奇異的打扮便問：「你是和尚嗎？」善慧指一指帽子。武帝又問：「你是道士嗎？」善慧指一指鞋子。武帝最後說：「那麼，你是方內之人了」？善慧又指一指袈裟。善慧的裝扮，正好印證了他自己曾寫的一首詩：

「道冠儒履佛袈裟，會成三家作一家」。

我們也可以說，中國儒道釋各家不但體用通貫，而且歷經長久以來的相激相盪，也已在中華文化的吸納統匯之下熔冶為一爐。

從中國哲學的眼光來看，現實世界發展如要究極本體境界，必須超越一切相對差別，全體大用才能充份彰顯。現實世界也才能點化成為理想，容納於至善完美的最高價值統會。所以儒家嚮往天道生生不已，創進不息的乾元精神，以締造一廣大和諧的道德宇宙秩序。道家所以宗尚重玄，一心懷抱「無」的理想，以超脫「有」界萬物的相對性。中國佛家所以悲智雙運，勇猛精進，鍥而不捨，內參佛性，修菩提道，證一乘果。這顯示儒道釋三家形上學深具融匯統貫各種高低觀點，與辯證開放的創新潛能。

不過儘管如此，儒家思想還是最足以成為中華文化的代表；因為傳統儒家，秉於人的本心仁體，最能善推人文創化的根本理趣，而依此闡明天地間的一切人文活動。同時儒家思想以人為本，以生命為中心，而其「親親、仁民、愛物」的倫理思想及其生化流行的天道觀，把人類、世界乃至整個宇宙，視為一個大生命；蘊涵一種時時追求融合人己物我、通貫形上形下的義理統會觀點，從始到終都是在為全人類乃至全宇宙，樹立生命的永恆價值。這種具有普遍性的完美哲學思想，的確值得中國人乃至全人類共同珍惜與繼承，這也是本書特別將儒家思想標舉為核心主題的根本原意。

其次，本書全文所闡發的義理要點，基本上是偏重於牟宗三先生所創用的「生命的學問」上面。「生命的學問」牟先生以為在藉由眞實生命的覺醒，向外開出建立事業與追求知識之理想，並向內滲透此等理想的眞實本源；以使理想終能成為與天地萬物通而為一的「內聖外王」理想。而中國文化傳統思想基本上是「生命的學問」，而且此一傳統自始即偏重宗教學，而非哲學。如儒家具有宗教性或高度精神性本源的天命論，道家的天道論，與中國大乘佛教不可思議的中道論。

至於西方代表「生命的學問」探索精神，則是以宗教、神學為一切生命價值取向的猶太教與耶教傳統。站在中華文化兼具哲理的包容性與辯證開放性的偉大傳統之上，吾人實有必要以涵容開放的學術理念，吸納中國與西方一切深具「生命的學問」之宏大智慧，以成就一繼承開放與積極創新的汪洋理海，俾能開拓現代更深更廣之「生命的學問」嶄新義理。因此本書的另一大特色，就在於著重中西此一生命哲理的融通深化。

當然，與「生命的學問」相對應的，還有指涉純粹客觀學術探討的「學問的生命」。其對人類的重要功能雖無庸置疑；但基本上誠如學者傅偉勳指出的：「生命的學問」是規導「學問的生命」發展方向的始點，也是終點；同時又是其本源與歸宿。因為「學問的生命」如無「生命的學問」當作安身立命的本根本源，則會立刻產生一個實存主體的價值問題—我們辛辛苦苦建立開展的「學問的生命」究竟為了甚麼？難道祇是為了純知性的概念遊戲而已？科學家、哲學家乃至文學家、藝術家，各個做為萬物之靈的實存主體，難道祇是為了科學而科學；哲學而哲學；文學而文學；藝術而藝術；還是在更深一層，有其不得不如此的「生命的學問」依歸意義？而這正是本書在整體撰寫取向上，特別著重於「生命的學問」之主要原因。

最後，筆者特別要強調，本書所闡揚的中西「生命的學問」，其核心關鍵，在於每個人從其生命體驗中，默體諸聖哲慧而力行實踐。惟其如此，才能日積月累而境界不同，成為無善不備，無德不具，圓融通達，博大高明的理想人格代表，統貫人生最高價值取向之智慧。

神秘主義者赫胥黎(Aldous Huxley)曾說：

「一個人不能躬親實證自己形上學體系的哲學家，僅是一隻馱著許多書籍的驢子而已。」

「生命的學問」並非進學明理即了，因為理可頓悟，德須漸修；道可頓明，聖須漸進；多一分涵養與鍛鍊功夫，便多精進一分道，切忌一曝十寒，半途間斷，更忌巧立藉口畏難畏行，不肯實下功夫。這正如齊宣王有一天問孟子說：

「所謂不肯做和不能做，究竟有什麼區別呢？」

孟子回答：

「如果你要一個人用兩臂挾著泰山越過北海，他說：『我辦不到！』這是真的辦不到。如果你要一個人為長者折取樹上的枝條，而他卻說：『我辦不到！』這就是他不肯做，而非不能做了。」（公孫丑上）

歷來先聖苦口婆心，期勉吾人痛下切實功夫，涵養光明德性的目的，其實祇在自證神聖而已。自證神聖一事，全由自己作主，若捨此不由，非不能做，而實不肯做。古聖云：「靜而聖，虛而神。」一旦能達至靜至虛，必能得證至神至聖。

易言之，「聖功神化」之道無他，唯在痛下功夫，死心實踐一途而已。

盧國慶　謹識　民國八十六年十月

宇宙起源與進化的眞相

在物質宇宙尚未出現，在時間與空間皆未產生之前，無數有「大愛」的全能生命，因意識到自己的存在，而投射出無量的光，產生了「宇宙大爆炸」，創造了現有的物質世界，並且親身參與這個「大進化」，這就是宇宙起源的真相。

宇宙為什麼會產生？宇宙為什麼要進化？人類的生命究竟來自於何處？人類和宇宙和萬物之間，是否存有那些奧秘的關係？這種種的疑惑，無疑的是人類自古以來，就百思不得正解的大謎題。而這個問題的重要性在於，如果我們得不到以上問題眞實而正確的答案，則一切人生的存在價值，將得不到正確妥當的定位，我們將不知自己為何要存在？更不自己人生的希望何在？彷彿走進了一條無法倒退，也沒有出口的死胡同，一個狹隘沒有希望的死寂世界。而筆者撰寫本文的目的，正是在試圖解答這些玄迷已久的問題。

壹　東西文化的宇宙進化說

北宋大儒周濂溪（敦頤）有一篇文章「太極圖說」，概說了宇宙起源順序是——無極而太極；太極生兩儀；兩儀生四象；四象生八卦。它的大意是說：作為宇宙生化根源的太極（最高、最眞實的存在）是無極（無形無狀）的；而陰陽動靜的理，便從太極而來。陰陽變化，便生火木水火土五行（五種基本物質），及春夏秋冬四季。陰陽五行互相運轉結合，便雌雄男女，而萬物便化生而出。這一切的活動，都是本於無相的太極而有。①

同濂溪的說法，基本上和道家的老子完全相同，老子說：

「天下萬物生於有，有生於無。」（四十章）

老子也認為，宇宙一切有相生命，都發源自「無相」。並且又說：

「道生一，一生二，二生三，三生萬物。萬物負陰而抱陽，沖氣

以爲和。」（四十二章）

天下萬物的演化，儒道均以為是循太極、兩儀、四象、八卦而來，陰陽交感，相反相成。

佛家也主張無相宇宙與有相宇宙互相循環，釋迦牟尼所提之「四諦」，其中「苦」、「集」即為「流轉」，表示生命由無相宇宙流到有相宇宙。「滅」、「道」為「還源」，表示生命又由有相宇宙回到無相宇宙。另「華嚴經」中談法界緣起，認為有漏有為諸法（有相世界」，都從眞性法界（無相世界）中流出；結果去染存淨，仍然歸回於眞性法界。②

基督宗教則以為「太初有道，道與神同在，道就是神。萬物是藉著祂造的。」（約翰福音第一章）這也顯示宇宙萬物（有相世界）均來自於「神」（無相的最高存在）的創造。而這些受造物的終極目標，毫無疑問的是要回歸神的天國。耶穌在「馬太福音」就明白的說：「我實在告訴你們，你們若不回轉，變成小孩子樣式，斷不得回天國。」（十八章）

人類要想回老家，恢復為上帝國中的一份子，就必須像嬰兒或赤子一樣的純眞無邪。

貳　現代物理科學的宇宙新發現

東西方宗教哲學所揭露的宇宙創生法則，雖然距離今生已超過了近二千年之久；但令人驚訝的是，它竟然也被現代物理科學所證實與支持。

當代最知名的理論物理學家史蒂芬・威廉・霍金(Stephen William Howking)曾在他提出的宇宙起源新理論——「量子宇宙論」中表示，宇宙不是起源於「霹靂異點」，而是由「無」所產生的，而且是由「虛數時間」開始。經過某個時間點，才由「虛數時間」轉移為「實數時間」；這個介於虛數與實數時間的「零時間」，即是宇宙的起源。「無」的狀態是能量、時間與空間的值，作不斷的變動。「無」之中，半徑大約十至卅四公分的超微小宇宙，藉著量子論的「穿隧效應」而突然產生的。③霍金的「超微子宇宙」就是「有」，它是由「

無」所產生。

霍金隨著宇宙起源的研究，發現科學永遠不會帶我們到宇宙確實創造的瞬間，反而能到達哲學、形上學以及神學的領域。他說：

「無論何時在你開始討論宇宙起源時，都存在著明顯的宗教意味，一定會有宗教寓意。」④霍金更以他對宇宙形上學驚人的領悟力表示：

「東方神秘主義（尤指道、禪）認爲宇宙只是一種虛幻，企圖把它與自己的研究工作聯繫起來的物理學家，將必須拋棄物理學。」⑤「無」就是宇宙實相，它是「零時間」，意味著根本沒有時間的存在。「有」就是宇宙幻相，它有時間。但嚴格說來，時間是人類運用大腦創造和分別出來的概念；看透宇宙實相的人，會立刻停止用大腦玩弄這種概念遊戲。若以「時間不存在」來解答宇宙實相，人類會排斥它，科學家會否定它，因為人腦不能容忍零時間，人腦必須以實數時間來欺騙麻醉自己，才能獲得滿足。人類甚至不能放棄科學理論及概念，否則頭腦將無所適從。⑥衹有最高明的哲學家才會放棄一切知識與概念，以「無知」、「無求」、「無為」告訴世人眞正的「實相存在」。

參　一場「存在意識」與「愛」的大進化

依照東西方最高明思想家的説法，我們都是從「無」而來；而且我們就是「宇宙的最高存在」（天、道、佛、神）或「生命的實相」。但是我們為什麼會從「實相存在」，跑到這個「幻相」的世界呢？這個問題，其實思想家們早有答案，祇是或語意艱深難詳，或答案眾説紛云。

事實上，「無」是個大集合的「精神體」（佛家稱作三世諸佛，基督宗教稱聖父）。原來祇是個不知道自己存在的大生命，由於沉思到自己的存在，而投射出無窮盡不可數的光（光可稱為分身、佛、聖子或一切生命）。如果借用霍金的理論來看，由於「無」這個精神體產生了「存在意識」，超微小宇宙才能「突然」籍著「穿隧效應」，創造了物質的宇宙，開始作永不止息的大進化。這些無數放射出的光，又可叫做「全思想」（因為它可以完完全全、自自由由的去思想，而且具有「自由意志」⑦）。

全思想都是同時創生的，沒有先後次序，沒有時間、空間，祂祇是存在著，祂就是一切生命，一切生命也就是祂。耶穌曾說：「人看見了我，就是看見了父」，「我在父裡面，父在我裡面。」祂要信徒常在祂裡面，因祂從父來，「和父原為一」。慧能禪師也說：「汝等自心是佛，更莫狐疑！」（付囑品）、「學道常於自性觀，即與諸佛同一類。」（懺悔品）

全思想因為具有「最純淨的愛」與「自由意志」，所以祂藉著「愛」推動自己，展開有相世界追求完美的大進化。也因「自由意志」的選擇，全思想化為一個自認為完美的生命形式，而成為釋迦牟尼所說的「眾生」。至於眾生的形態，釋迦將其分類為「所有一切眾生之類。若卵生。若胎生。若濕生。若化生。若有色。若無色。若有想。若無想。若非有想。非無想。」

完全相同本質的「全思想」，因「自由意志」的抉擇，幻化成了十二類完全不同的生命實體。涵蓋了欲界（有食、色兩欲的生命）、色界（有心理之我的生命）、無色界（有邏輯之我的生命）。若以地球生命來看，全思想所化生及演進的生命，從最簡單的單細胞，一直到最複雜的人類，從礦物、植物到生物。⑧林林總總，熱鬧非凡。而且這些生命至今仍不斷在追求進化。例如人類早期胎兒是有尾巴的，大約要到第八周，尾巴才會消失，而胎兒早期也有像海洋生物般的鰓裂，手指也無分開，指間有蹼狀物，這都可以看到人類從魚類、爬蟲類演化的遺跡。

「全思想」創化物質宇宙，以及祂演化成不同的生命形式，原本祇是因為思索到自我存在，而以物質生命作自我完美的展現而已；然而當祂降低自身的頻率，到達物質世界的層面時，卻生出了五蘊（色受想行識）、八識（眼、耳、鼻、舌、身、意、末那、含藏）的幻想。「全思想」受到幻想迷惑的結果，產生了「無明」。這點，釋迦牟尼在「圓覺經」中解說的甚好：

「眾生從無始以來就開始有了錯誤的執著，所以顛三倒四，以假爲真，猶如迷失方向的人。大家誤以爲由地、風、水、火組成的身體，是真正的自己；以爲能分別色、聲、香、味、觸、法的妄念幻想是自己真實的心；宛如眼睛有毛病的人，不能真正見到虛空的自性實相。因此眾生妄受六道輪迴，不斷在生老病死中打轉。這就叫做『無明』」。⑨

「全思想」自從受到身體意識與有相世界的迷惑，升起「無明」，就不斷執幻為眞，生死輪轉，像深鎖在牢獄中的囚犯，再也見不到光明，再也不認識生命實相的清淨之心。所以釋迦牟尼不厭其煩的強調開悟與修行的重要：

「想要啓發心智的眾生，必須先觀身如幻。當虛幻的色身破滅後，幻心（變動的人心）也隨之消滅。一旦幻心入滅，幻塵（物質世界）亦隨之而滅。幻塵滅後，則幻滅的分別意識也消失了。這時無限的圓滿清淨心便可立即顯現。」⑩

圓滿清淨心本以「無」為體，若能直入無物無相，無念無識，無修無為，無人無我之地，自能徹悟本來，頓超聖地，洞達佛即眾生，眾生即佛，佛凡無別的眞相。換句話說，每一個生命都是「全思想」，每一個「全思想」都是一樣的永恆、莊嚴、光明、全能、有愛而偉大。所以佛陀說每一個人都是法相莊嚴的佛，而佛不可能眞去渡佛，佛永遠都佛，祂祇可能受幻想迷惑而忘記自己是佛。因此，我們常聽智者說「人是來學習的」。是的，人是來學習認識「實相自我」的，認識我們就是佛與神的。正因為同是佛與神，所以沒有其他的佛與神會來或能來救你。我們不是奴隸、僕人，我們都是有「自由意志」的佛，佛不需要被解救；而且從來都沒有人曾綁住過佛，除了佛自己。

如果你已經確認自己就是佛，就是神，就是全思想的存在體，那麼你一定也會對印度奧義書以下的這一段話同聲相應：

「有一種大智慧，既遠在天涯，又近在咫尺；它無所不在，同時又超乎一切之上。當一個人能了解世上的一切，皆爲這個至高精神所支持，也了解這個至高精神乃貫穿到所有存在物之中，他便無法慢待一切。當一個人能了解所有精神性的東西，都與那至高精神本是一體，他便無虛妄與悲嘆的餘地。」⑪

註釋

①轉引自楊祖漢，宋元學案（台北：時報文化公司，民國七十二年十一月），頁六五。

②轉引自汪少倫，多重宇宙與人生（台北：正一善書出版社，民國七十五年四月，再版），頁七九。

③曾坤章，大進化（台南：偉誌出版社，一九九三年四月，三印），頁十四—十六。

④John boslough著，牛頓編譯中心譯，霍金宇宙新論（台北：牛頓出版公司，一九九三年三月，初版三刷），頁一二三。

⑤同註④，頁一二九。

⑥同註③，頁十三—十五。

⑦同註③，頁十七。

⑧天主教羅光主教在其「全一的宇宙」文中，講到物體不同的生命，最低級的生命是礦物，內動而不顯。再者是植物，有內動且生

命顯於外。再上一級為動物，有內動的感覺。再上一級是人類，有內動、有感覺、有意識、有創作。再上一級是靈魂、天使、魔鬼為精神生命，只有行。最高生命為絕對精神生命，乃純淨無邪的「行」。（哲學與文化，十八卷十二期，一九九一年十二月）這種說法與佛學講的五蘊「色、受、想、行、識」意涵近似，祇是佛學的理論更圓融，系純更嚴謹。基督宗教精神生命的高低，是一永恆決定論，也叫定性眾生，神永遠是神，人永遠是或靈魂，動物、植物、礦物亦是如此固定不變的，所以尊神、尊人而輕視萬物。佛學則顯著的不同，人與佛與萬物形相雖殊，本體不二，任何精神生命祇要沒到光明圓滿，就仍必須在時間（識）與空間（色）的有限宇宙輪轉，變化受、想、行的角色，直到成佛、成聖為止，這種不承認「定性眾生」理論，顯然是較符合宇宙所有生命，不斷提升，以至神性的進化論。

⑨

此段原文如下：

「善男子！一切眾生，從無始來，種種顛倒。猶如迷人，四方易處。妄認四大爲自身相。六塵緣影爲自心相。由妄執故，非唯惑此虛空自性，亦復迷彼實華生處。由此妄有輪轉生死，故名無明。」

⑩ 此段原文如下：

「善男子，彼之眾生，幻身滅故，幻心亦滅。幻心滅故，幻塵亦滅。幻塵滅故，幻滅亦滅。幻滅滅故，非幻不滅。譬如磨鏡，垢盡明現。善男子！當知身心皆爲幻垢，幻相永滅，十方清淨。」

⑪ 托爾斯泰著，梁祥美譯，托爾斯泰三六六日金言（十—十二月）（台北：志文出版社，一九八九年七月），頁三一。

你能自己掌握命運嗎？

千萬不可輕視你所不知道的真理，否則你可能會用生命的代價，來補償你所犯的過錯。——莎士比亞（仲夏夜之夢）

中國民間一直有個說法：影響人一生最重要的因素有五——「一命二運三風水、四積陰德五讀書」。這種觀念影響所及，造成國內求神問卜的算命風氣，始終興盛不衰。而藉著算命詐騙錢財的案例，因此層出不窮。前此不久的「錢思吾台灣命學研究中心」的詐財案便是一例。

錢思吾（化名）自稱研習命理二十九年，研究「奇門遁甲」十五年，除了替人算命批流年，主要是靠考試發財，聲稱各種入學、執業、升等、特考、高普考，他都有致勝奇術。根據他的說法，奇門遁甲必須配合考生的生辰八字，並配合特定顏色的衣著、手帕、領帶，以及特定生肖的親友、同學陪考，吃的食物、拜的菩薩、帶的法器、燒的香，以及唸咒的時間，都有嚴格的限制，甚至准考證也必須擺放在一定的方位，他保證只要照他的指示做，保證可以上榜，重考者更是有效。①經了解，被他批過命的考生超過萬人以上，但多數考生仍然落榜。

壹　究竟有無命運？

看到社會上一再發生的算命詐財案，許多人一定會心生疑惑，究竟命運一事是眞是假呢？其實就筆者的研究，確有其事。

宋儒邵雍（康節）精通於易經象數之學，每能預知未來的事情。有一次他在洛陽城（河南省）天津橋上，聽到杜鵑的叫聲，便慘然不樂說：

「不出兩年，南方人士便會入朝廷爲宰相，天下便從此多事了。」

旁人問他是根據什麼而這樣說，他說：

「天下將治，地氣便從北向南行；天下將亂，地氣則從南而北。現在是南方的地氣到了，杜鵑已感覺到從南方來的地氣。」

果然不久，王安石便入相，北宋黨爭不息。②

邵雍最知名的兩本著作是「皇極經世書」和「梅花易數」。是以數的條理，來衍生古今歷史演變的一切事情，而且十分精準。

辰年十二月十七日下午四點鐘（申時），邵雍正在欣賞梅花，突然看見兩隻麻雀在爭奪梅枝，結果樹枝掉到地面上。邵先生就說：「沒有動不占卦，不因為事情發生也不占卦。現在有兩隻小鳥把梅枝弄掉在地上，可能會有什麼預兆吧！」

用八卦推算的結果，他知道第二天晚上有一個女孩子摘花，被園丁追趕而驚惶逃走，不小心摔倒，跌傷了大腿。到了第二天晚上果然如此。

有一年的三月十六日卯時，邵雍和許多客人到司馬先生家裏欣賞牡丹花，當時正值牡丹盛開。有一位客人問說：「這牡丹花這麼盛開，難道它凋敗的時間也是命中註定的嗎？」邵雍回答說：「萬物的與衰都有定數。」於是就給這些牡丹花卜了卦，他發現第二天中午這些花會被馬所踐毀。許多人都不相信。結果沒想到次日中午果然有幾位達官顯貴來欣賞牡丹花，兩隻馬相囓，然後在牡丹花間奔馳，牡丹花都被踏壞了。③

唐朝也有一名精於卜卦的大師叫袁天綱，他早在隋朝就做過官，也在洛陽專為達官顯貴看相，格外準確。而他最有名的預測，是為武則天及其家人相卜。

他斷言武母所生子女必貴，元慶、元爽官必三品，韓國夫人貴而剋夫。當時武母抱在懷中的武則天，身著男服，袁氏一眼就看出說：「這個男孩龍睛鳳頸，貴人之極也！若是女的，以後必爲天下之主。」

後來武則天果然稱帝，國號「大周」。

一日，朝中大臣高士廉向袁氏說：「你自己可曾算出會做什麼官？」袁氏答：「我知道自己祇能活到今年四月。」

果然到了四月中旬，袁中網即染病身亡了。④

貳　中西哲學家相信命運嗎？

從中西文化的經典上來看，各家不但相信命運，而且還大談命運。論語「憲問篇」孔子就說：

「道之將行也與，命也；道之將廢也與，命也。公伯寮其如命何？」

道能不能行，是命，別人怎麼可能操縱我的命運呢？由此可知，人活在世界上，的確有許多先天及後天的限制，不能完全作主。子夏在「顏淵篇」裡也講「死生有命，富貴在天。」說明人的生與死，以及榮壽貧夭，都不是自己所能掌握的，這叫做命運。

尼采也說：

「甚至當我們不注意時，命運仍在支配我們。」⑤

聖經上亦云：

「凡事都有定期，天下萬物都有定時。生有時，死有時，栽種有時，拔出所栽種的也有時，殺戮有時，醫治有時，拆毀有時，建造有時……。」⑥

至於佛家談命運，則認為一個人富貴、貧賤、美醜，夭壽、生死的定數，都是自己過去世的心念和行為的果報。而這種果報，智慧高的人就能知道，佛經上叫做「宿命通」。獲得宿命神通有兩種方式，有些人前世做了特別的善事，今生自然就有宿命通，這叫「報通」。有些人宿命通是這一世修定功得來的，這叫「修通」。國內有位知名的高僧廣欽和尚，據聞他就有這種修通。

據廣欽和尚弟子傳顗法師回憶，當年中共進入聯合國，我國宣告退出，國內情勢低迷。美國突然在這時邀請時任國防部副部長的蔣經國訪美。蔣先生驚疑未定，不知應否前往，便私下前往當時廣欽老和尚住持的土城承天禪寺請教。廣欽聽明來意，說了四個字：

「有驚無險」

蔣經國依言赴美，果然發生鄭自才槍擊未遂的暗殺事件，虛驚一場，但也全身而返，毫髮無傷。廣欽的名聲從此逐漸流傳高階政壇。廣欽圓寂後，遺體火化出舍利子無數，當時已任總統的蔣經國，也請供了部份舍利子，以舍利塔供奉在總統府辦公室內，紀念這位老朋友。⑦

佛經也記載，斷了煩惱的聖人，可以知道過去八萬四千大劫的事情。⑧而圓滿成佛的聖者，則可以了知無盡的過去、未來和現在。

參　命運能不能超越？

孔子曾說：「不知命無以為君子也。」（堯曰篇），此命，包括了命運和使命兩方面。命運是被動而無可奈何的；使命則是出自人的自覺，主動而積極的發現自己特別的使命，如「志士仁人，無求生以害人，有殺身以成仁。」殺身成仁，就是對命運的超越有清楚的認識。人固然生命受到一些限制，但如何突破向上，走向精神生命圓善的理想，這是內在的自我醒覺與精神生命的至善追求，它可以由自己完全的掌握，因而可以超越生活形式的外在限制。

其次，命運儘管有先天與後天的限制，但是命運仍有二種力量可以使其改變，一是善，一是惡。孔子曾說「積善之家，必有餘慶。積不善之家，必有餘殃。」⑨就是因為孔子知道善惡可以改變既定的命運。而佛家更直接提出了改造命運的方法，例如改造貧窮為富貴的方法為：⑩

一、懺悔自己過去身體、語言和心念上所造偷盜的罪業。
二、從今以後，決心不犯偷盜。
三、看見別人從事偷盜時，設法加以勸導或阻止。
四、看見偷盜的眾生，替他懺悔。
五、常願一切眾生永遠不偷竊、不盜用別人的財物。
六、看見別人不偷盜，加以稱讚。
七、宣揚不偷盜的益處。
八、看見別人獲得利益，不但不嫉妒而且生歡喜心。
九、看見別人施捨財物生歡喜心。
十、時常觀想自己在施捨。
十一、看見貧苦眾生，心生憐愍而不加以輕視或譏笑。
十二、看見富貴人家，勸他施捨，利益大眾。

十三、看見別人追求利益，不但不加留難，而且設法幫助他們達成願望。

十四、盡心幫助窮困的眾生。

十五、侍奉父母，不使老人家有所匱乏。

十六、常念「地藏王菩薩」等佛菩薩的名號。

總的來說，無論中西方的那一家都相信，命運來自於「為善得樂，為惡得苦」的因果，一個深信因果的人，絕不會做出兇惡的事情；而古今中外凡有大智慧的大哲學家、大宗教家，無不肯定命運的存在，這很容易令人想起培根(Francis Bacon1561-1626)所說的：

「人們之所以成爲無神論者，是因爲對哲學沒有深入的瞭解。如果一個人能研究精深的哲學，那就不得不皈依宗教。」（培根論文集）

而最高明的宗教哲學，對於命運的最誠懇忠告就是：

——我們的命運絕不能交給半桶水的算命先生支配，因爲一切福田，都在自己心裡。

註釋

①陳聯邦，「錢思吾信眾多，不輸宋七力」，聯合晚報，民國八十六年七月四日，三版。

②轉引自楊祖漢，宋元學案（台北：時報文化公司，民國七十二年十一月），頁四六—四七。

③轉引自陳柏達，改造命運的原理與方法（台北：慈心文化中心，民國七十九年六月，九版），頁十三—十四。

④景雲開，「神卜披蹤」，青年周刊，二六〇期，民國七十八年八月十九日，頁六七—六八。

⑤同註③，頁十。

⑥聖經，傳道書，第三章。

⑦黃靖雅，「無來無去清明心」，中時晚報，民國七十九年十二月廿九日，十一版。

⑧劫是印度最長的一種時間單位，一小劫合計一千六百八十萬年，

一大劫合計十三億四千四百萬年。

⑨ 易經。

⑩ 同註③，頁一一三。

死亡的尊嚴與生死的智慧

在死亡的門前，我們要思量的不是生命的空虛，而是它的重要性。——蘇格拉底(Socrates)

壹 在必然死亡中追求「死亡的尊嚴」

根據經典記載，有一婦人，死了一個孩子，跪在屍體前嚎哭，當時釋迦牟尼正好從旁邊走過，她就跑過去哀求：

「佛陀！你是偉大萬能的聖者，你一定要解救我的孩子，他才剛剛死去，請你救救他吧！」

釋迦牟尼說：

「好，我救你的兒子，但你要答應我一個條件，就是去向沒死過人的家裡，去找一個火種回來。」

婦人聽了非常高興，立刻到各家各户去找，等到問過所有村莊的人家，發現每一家都死過人；這個時候，她才回去把自己的發現告訴釋迦牟尼，佛陀就開示她：

「死亡是一種必然的現象，沒有一個人能夠逃脫，所以妳的兒子也不可能被救活。」

人在塵世間，獨自的出生，獨自的死亡，沒有人能改變這個鐵律。但是我們是否正視過自己必然會死亡的問題？我們是否能在死亡來臨之際，坦然寬心的面對，甚至滿心歡喜的迎接呢？這是現代人在講求「生活品質」的同時，所聯貫注意到的「死亡品質」問題，也就是學者傅偉勳先生所謂的「死亡的尊嚴」(death with dignity)①。而舉世提倡「死亡的尊嚴」最著名的人物，是美國知名的精神醫學專家庫布勒羅斯(Elizabeth Kubler-Ross)，她在訪談兩百位以上絕症末期患者之後，將他們從得知罹患絕症，到死亡之前的精神狀態區分為五個階段：

一、否認及孤離（denial and isolation）。

二、憤怒(anger)。

三、討價還價(bargain)。
四、消沈抑鬱(depression)。
五、接受(acceptance)。

其實，他們即使到了最後的「接受」階段，也並不是愉悅的，而是無情緒感情可言。有些患者甚至掙扎到最後一秒，也不願進入「接受」階段，這樣愈難接受死亡，就愈難心平氣和而帶有尊嚴的死去。

② 庫布勒羅斯發現，能夠具有最理想精神狀態（平安自在，平心靜氣的接受），而彰顯死亡尊嚴的患者，都因為不可動搖的宗教信仰、哲理智慧或高度精神性信念支持的結果。更特殊的是，有人能進一步以自然無為的「生死一如」智慧，深化死亡為安身立命的哲理展現。

貳　追求安身立命的「死亡尊嚴」

「荀子大略篇」記載子貢有一次向孔子表示，他已經厭倦了事君、事親、養妻、耕種的責任。孔子否定他的看法，孔子認為人只要有一口氣在，就不能逃避責任，子貢因而嘆道：

「大哉死乎！君子息焉，小人休焉。」

對君子來說，人一生拚命奮鬥，直到死亡，才能眞正的休息。③

曾子臨死前，曾對他的弟子說：

「你們看看我的手，看看我的腳，是否都安好？這一生我如同詩經上說的『小心謹慎，好比走近深潭邊，好比踩在薄冰上面。』到這個時候，我才總算能免去這種顧慮了。」④

這句話充分表露儒家信徒了悟人生乃是一種任務或使命，同時會在不斷貫徹人生使命（天命或正命）的短暫生命歷程（氣命或命運）中，獲得「朝聞道，夕死可矣」的解脫之道。⑤

王陽明五十七歲出征兩廣根絕蠻賊之後，染患了瘴毒，在歸途中病逝於江西南安，臨終時，弟問其遺言，他以平靜的態度，簡單的答道：

「此心光明，亦復何言。」

在陽明而言，他在一生困厄艱險的命運之下，已超越了先天的限制，完成了與天地本心一體通流的天命，也建立了超越死亡的生死智慧。

安身立命（天命）的高度精神性智慧，在超越死亡上最令人印象深刻的，就是「快樂歡喜的迎接死亡」。

天主教教宗聖若望二十三世，在一九六二年聖誕節時說：「我已進入八二高齡，我將走完人生的旅程，日日都是生日，日日也都是死日。」在他臨終時，看到朋友們在哭泣，他要他們唱聖母瑪利亞的頌歌，並說：

「勇敢點，這不是哭泣的時候，這是快樂和光輝的時候。」他也安慰醫生說：

「親愛的教授，請別傷心，我的行囊隨時準備著，離開的時候一到，我便不會耽擱一分一秒的。」⑥

有了高度精神的支持，死亡竟能擁有如此快樂的尊嚴，人生還有何可懼？無怪乎莊子在妻死後，會「鼓盆而歌」⑦；魯國孟孫才在喪母之後也會「居喪不哀」了⑧。

而最有趣的故事，就是三位得道的僧人，他們見到人的表情就是大笑，而且始終都在笑，有人問：「為何你們能笑的這麼開心？」他們說：「生命本來就是值得慶祝的。」有一天，其中一位僧人死了，只剩下另外兩位，附近的居民就想去看看其他兩人是否會很悲傷；結果，發現那兩人竟然還在笑。居民隨後按照當地習俗為死者築高台，將棺材點火燃燒。火一燃起，居民正在感傷時，棺木裡突然「崩」一聲，衝出一道彩色的煙火；原來這位僧人要死前，把煙火縫在衣服裡，大家看了都笑了起來，原來死也是值得慶祝的事。⑨

參　超越一切束縛的死亡尊嚴

不論東西方大哲都發現，當人類在探討到理性最高頂點時，會訝異那是一個完全超越語言文字的絕對境界，那也是一個不可思議的宗教終極境界。而極少數證到此境的大哲，所展現而出的，竟是另一種令人驚異而超脫的死亡尊嚴。

公元七一三年，中國禪宗六祖慧能宣佈自己將不久於人世時，當時在場的弟子，除了神會默然不語，毫無哀戚外，其餘的弟子都放聲大哭，慧能便說：

「只有神會一人超越了善惡的觀念，達到了毀譽不動，哀樂不生的境界。你們這些人在山上數年，究竟求的是什麼道？你們今天哭泣究竟是為了誰？我很清楚自己究竟要到那裏去。如果我對自己的死一無所知，我又如何預先告訴你們。你們之所以哭泣，是因為不知我死後往那裏去，如果知道了，便不會哭泣。你們要知道，法性是不會生滅去來的」。他又說：

「你們要記住，我滅渡之後，別像世人一樣悲泣哀傷身穿孝服，受人弔問，這不是我的弟子，也不是正法！你們祇要識自本心，見自本性，無動無靜，無生無滅，無去無來，無是無非，無住無往。我恐怕你們心迷，不能體會我的意思，今天再一次叮嚀大家，希望你們能見性。我滅渡後，依此修行，如同我在世一樣。如果違背我的教法，就算我在世間也無助益。記住以下的偈語：『兀兀不修善，騰騰不造惡，寂寂斷見聞，蕩蕩心無著。』」

說完話，端坐至三更，忽然告訴弟子：「我走了！」剎時滿室生香，半空出現白虹，林木變白，禽獸哀鳴。⑩

中國禪宗的曹洞宗建立者洞山良价（公元八〇七—八六九年），當他感覺到要死時，便洗臉沐浴，穿上長袍，敲鐘向大家辭別，然後端坐不再呼吸。大家看到這種情形，都如喪考妣似的大哭，突然洞山張開眼對眾僧說：

「出家人要能心不染著於物，才是真正的修行，勞生息死，是人的常情，悲哀又有什麼用呢？」

說完，洞山讓僧侶辦愚痴齋，大家對洞山仍是戀戀不捨。又過了七天，洞山與大家吃了最後一次齋飯後，對弟子們說：

「我已無事可做，在我走的時候，請大家不要喧動。」

洞山回到方丈室，端坐長逝。⑪他到臨終仍然以超然外物的眞知修行，來完成生死一如的實現。

天主教神秘主義者聖湯瑪斯（Thomas Aquinas 1224-1274AD）臨終時，對著正在催他寫作的秘書說：

「我不再寫了，因爲以我現在所見，以前所有的著作，都只是一束沒有價值的稻草而已。」

聖湯瑪斯的思維，已進入神聖而不可知的極境，絕思絕慮，登峰造極。在這種思維中，生其實就是死，兩者已無區別，文字已無意義，這眞是不可思議而又超越一切的死亡尊嚴。

肆　結語

曾昭旭教授在鵝湖雜誌「零簡」一文中寫了這樣的一段話：

「我七歲的兒子有一次說：『既然人都要死的，那爲什麼還要活？』」⑫

一個孩子的簡單疑問，竟問出了生命存在的大智慧與深層意涵。然而就中西聖學而言，生命根本沒有死亡，它根本是「永生」的存在；眞正死亡的祇是外在的軀殼，這正如老子所說：

「吾所以有大患者，爲吾有身，及吾無身，吾有何患？」（十三章）

死亡其實對我們的最大意義是「磨鍊」與「省覺」。「磨鍊」指的是，我們何時才能以高度的精神性鍊養，建立安身立命與超越一切的死亡尊嚴。「省察」則是指，我們何時才能認識與發現「自己」正是那個不死的生命，從而讓自己臻入「生死一如」的智慧實境裡，「上與造物者遊，下與外死生無終始者為友。」（莊子，天下篇）

為了深化死亡的磨鍊與省覺的意義，佛家淨土宗蓮池大師在修行時，每天看著桌上「生死事大」四個大字。另一位印光大師則在牆上掛著「死」一個大字，每天督促自己警惕精進。⑬看到他們臨終的超然成就我們會不會想到：我們何時才會懂得觀照死亡？我們何時才能眞正生死解脫呢？

註釋

①「死亡尊嚴」的提倡，源自於「死亡學」教育的結果，「死亡學」是戰後美國的一門新近學科，到目前為止有三十多年左右的歷史，這些年來發展成為一項熱門，此後也會繼續發展，一直帶到下一世紀，形成極其重要而有益的一門學問。死亡學是所有學問之中最複雜的一門，因為它所涉及的研究範圍與相關的問題以及學科極其廣泛，包括政治、法律、道德、（世界）宗教、哲學、心理學、精神醫學、精神治療、文學藝術等等部門。就「死亡尊嚴」的倡導，美國精神醫學專家庫布勒羅斯（Elizabeth Kubler-Ross）曾把精神醫學的臨床經驗寫成一書，題為「關於死亡與臨死過程」（On Death and Dying），多年來洛陽紙貴，已賣出了幾百萬冊，被公認為死亡（精神醫）學的第一書。她的工作旨趣，是在了解絕症患者的心理反應與精神需求，與他們分享（而不是向他們硬塞）有關他們病症的醫學知識，同時儘量幫助他們保持

人性的尊嚴，心安理得地走完人生旅程的最後一段——也是最重要的一段。請參閱傅偉勳，批判的繼承與創造的發展（台北：東大圖書公司，民國八十年八月），頁二九九。

② 傅偉勳，死亡的尊嚴與生命的尊嚴（台北：正中書局，民國八十二年），頁五一。

③ 傅佩榮，「儒家生死觀背後的信仰」，中國哲學會哲學年刊，第十期，民國八十三年六月，頁二。

④ 論語，泰伯第八。

⑤ 同註②，頁一〇〇。

⑥ 吳經熊，禪學的黃金時代（台北：台灣商務印書館，民國七十九年八月，十六版），頁三〇一。

⑦ 莊子，至樂篇。

⑧ 莊子，大宗師。

⑨ 引自林清玄，身心安頓（台北：洪建全基金會，民國八十年十二月），頁九二—九三。

⑩ 六祖壇經，咐囑品。

⑪ 薛冬、程東，曹洞宗門禪（台北：成都出版社，民國八十二年五月），頁三六。

⑫ 曾昭旭，零簡，鵝湖月刊，第一〇九期，一九八四年七月，頁五十。

⑬ 同註⑨，頁一〇八。

我要像天一樣高

畏懼宇宙的最高存在是很好的；但愛祂更好；而最好的是了解祂；然後從自己心中喚醒祂，並以祂的法則活出自己。

著名的印度詩人泰戈爾(R.Togare)有句名言：

「幸福就在我家庭園，可是我卻往往找不著通往庭園的路。」①

同樣的，不論東西方各家，早就證得人與天、道、佛、神本為一體，渾然無別的聖境。但是，我們卻仍然陷於迷惑，找不到升堂入室之門，以致聖道法脈，不得其傳，令人良深浩嘆！

想要成為「最高存在」的人，必須先瞭解「最高存在」到底是如何的存在？千古以來，能揭開此一奧秘的答案，盡在各家經典，彼彼皆是。

壹 「最高存在」超越了語言文字

有一天，孔子向學生們說：

「我不想講話了！」

子貢說：「老師如果不講話，那我們以後怎麼傳述你的教誨呢？」

孔子講：

「天那裡有說話呢？但四季卻不斷輪替，萬物欣欣向榮，天那裡有說話呢！」②

語言、文字是死的，是非自然的；而「天」卻是活的。死的東西根本無法來描述活的東西，宋儒陸象山在契悟此理之後曾講：

「我平生所說，未嘗有一說。」③深體大道之妙的老子也云：

「道可道，非常道；名可名，非常名。」（首章）

道在象先，無以描述；凡能描述的語言文字，均不足以說明道。因此老子進一步提示：「知者不言，言者不知。」（五十六章）

天地境界猶有形相可見可言，宇宙最高存在則無形相可見可言，此乃一種無境界之境界，祇可以默會，不可以言語形容。莊子因此有句名言說：

「言者所以在意，得意而忘言。」（外物篇）

至於佛家，最能凸顯諸佛的文字語言超越性，則是一則美如神話的衣缽傳承故事。

有一次，釋迦牟尼在靈山會上說法。他拿著一朵花，面對大家，不發一語。這時聽眾們都面面相睹，不知所以。只有迦葉會心的一笑。於是釋迦牟尼便高興的說：

「吾有正法眼藏，涅槃妙心，實相無相，微妙法門，不立文字，教外別傳，付囑摩訶迦葉。」④

佛陀的核心教義就在「即心即佛」，而佛乃是無相的「生命實相」，言語道斷，心行處滅。因此佛家（尤指禪宗）向來不重語言文字相，而重「生命實相」的薪火相傳。

一旦認識了「生命實相」，不論東西方思想家都會發覺，文字語言的假相，全成了多餘的累贅。代表基督宗教神秘主義泉源的提阿尼塞(Dianysius the Areopagite)以下的一段話，很能具體的說明：

「一切事物的本源既不是靈魂，也不是理智；它也沒有想像、沒有意見、沒有智力；它也不是理性或智力；它不是說出的或想到的。它既不是數，也不是序，也不是量，也不是微小，也不是平等，也不是不平等，也不是相似，也不是不相似。它不立、不動、也不息。：：它不是精素，不是永存，也不是時間。就是理智的接觸也不是它所有的。它不是科學，也不是真理。它不是王權（Royalty）或明哲；不是一；不是統一性；不是神智或善；也不是我們所知之精神。」⑤

提阿尼塞以否定的形容詞，顯示了「最高存在」的無限性與超越性，因此，任何有限的語言文字，在祂之前，都必然會黯然失色。

貳　最高存在「無知」而「全知」

「最高存在」是一種無限的存在。無限存在的思考是直覺的，不是辨解的；因此不需要邏輯、科學與知識（事實上，祂一眼就看穿了），祂的智慧，陽明謂為「明覺」，道家叫「玄智」，佛家謂「般若」，基督宗教叫「智的直覺」（Intellecture Intuation），祂能夠照察諸法實相（實相即無相）。這種實相境界完全不需要人類的學問、知識；因此，從人的角度來看，祂根本是一種「無需任何知識」的存在。

不過，「最高存在」的奇特之處，在於祂無知於自己的存在。孔子在「論語」子罕篇所說的「吾有知乎哉？無知也！」就頗能表達「天」的無知。孟子「盡心下」篇講的「聖而不可知之之謂神」，也有異趣同功之妙。而最能深入體證的儒者，就是顏回的「坐忘」。⑥

顏回有一次去見孔子說：

「老師！我最近修身已經有進步了！」孔子：

「你有怎樣的進步呢？」顏回答：

「我已經能把仁義的念頭忘掉了。」孔子說：

「是有進步了，可是還不夠，再去體會！」過了幾天，顏回又來見孔子說：

「老師！我又有進步了。」孔子問：

「怎麼進步呢？」顏回說：

「我已經能把禮和樂的形式忘掉了。」孔子說：

「是有進步了，可是還不夠，再去體會體會。」過了幾天，顏回又去見孔子說：

「我又進步了。」孔子問：

「怎麼進步法呢？」顏回說：

「我已經到達『坐忘』了」孔子疑惑的問：

「什麼是『坐忘』？」顏回說：

「『坐忘』就是不感覺身體的存在，不需要平常的聰明才智，能忘卻形體，離開知識，同於無形大道的感覺就是『坐忘』！」（大宗師）

顏回「離開知識」境界，已臻入吾心與天一體同化的「無知」聖境，渾然一片性光流行，無內外，無物我，正是大易所謂的「無思也，無為也，寂然不動」，在寂然不動中「感而遂通」，則無知而知，無得而得，不能而能，不神而神，而應無不通！

參　心本空寂，感通一切

道家老子對於「道」的「無知」，在「道德經」中，也有一段淋漓盡致的詮釋，很值得大家參考：

「眾人貪慾無厭的樣子，就好像要參加豐盛的筵席一樣很想嚐試。又像春天登上高台，遠眺風景一樣的愉快。唯有我的心境淡泊恬適，心清意定。就好像嬰兒在母親的懷抱中。好像動，又好像不動，沒有思慾，也沒有煩惱，像不沾世俗的樣子，又像無所歸的遊子一般。世人經常自得意滿，尤其在追求功名利祿的時候，就好像有用不完的的才智與能力。而我的才智與能力，就好像遺失一樣，心境之中空空洞洞的。我真像愚人啊！是那麼的無知無識，渾渾沌沌的。而世人的眼目，謀慮多端，就好像很精明銳利的樣子，就好像很會分別。唯有我像沒知識的人，不知道怎麼去分別與計較。其實，我的心，恬淡寧靜，就好像大海一樣的深闊廣大。像風一樣的飄搖自在，不執著一定的住所。世人都仗恃自已聰明才智，以爲自已很有作爲，而我呢？就像一位愚頑又鄙陋的粗人。唯有我與世人不同，因爲我已識破大道，入於道體，好像一個不斷吸食母奶的嬰兒。」⑦

老子深體大道湛然常寂，了無一念，見無所見；因此其後繼者莊子高倡「絕聖棄知」⑧（馬蹄篇）。而且更進一步解釋「棄知」的絕妙好處：⑨

「聖人去除知識巧智，順天理而行，所以天不降災於他，物不勞累他，人不非議他，鬼神不責難他。他的生存就如虛浮在空中般不沾塵俗；他的死亡如休息般的平靜自然，沒有思慮，沒有計畫必須預定。有光彩而不炫耀，有信實卻不固執；睡無夢侵，醒無憂擾，神氣精純如一，魂魄淡泊，虛無恬靜，因此能上合天德。」（刻意篇）

當然，在中國各家哲學中，講「無知」最精彩獨到的，莫過於禪宗。唐代石頭希遷禪師的徒弟道悟曾向石頭祈請開示：

「曹溪意旨讓誰得了呢？」石頭說：「會佛法的人得了。」道悟問：「師父得了嗎？」石頭說：「沒得。」道悟問：「為什麼沒得？」石頭說：「我不會佛法。」⑩

還有人問石頭希遷：「什麼是祖師西來意？」石頭答：「你去問柱石吧。」那人說：「弟子不懂。」石頭希遷說：「我更不懂。」

禪宗的「無知」之論，本源於無心教法。由於心本空寂，一心不用，就能感而遂通，神用萬千，與諸佛無別。而這種無知而知，應無不通的超絕體驗，並非中國哲學家的專利，天主教聖者聖十字若望（St John of the Cross, 1542-1591）就曾說：⑫

「爲了得全部滿足，
就應對一切無求。
爲了得全部知識，
就應求一無所知。
爲了擁有全部，
就應求一無所有。
爲了成就全部，
就應一無成就。」

我們之所以要追求「無求」、「無知」、「一無所有」、「一無成就」，是因為我們就是一無所缺，而且一無所知的「最高存在」。我們雖是永恆的實相，卻不知什麼是「永恆」。我們雖是「生命」，但卻不知道什麼是「生命」。我們雖然存在，但卻不知道什麼叫「存在」；然而就在這「一無所知」中，我們洞悉了一切實相，擁有了整個宇宙。

整個地說，從東西方聖哲深層修證的認知裡，人將會依此見證到自己永恆不朽的神性；也將會依此成為自己永遠的主宰。基於此一理解，本文最後特引「大進化」一書作者曾坤章先生以下的一段佳句作為結論：⑬

「如何成爲神呢？就是像神一樣地活著，像神一樣地生活著，你就是神，所以像你自己一樣地活著，像你自己一樣地生活著，你甚至不需要去『成爲』什麼，你跟本不需要去做什麼，沒有任何的方法，沒有任何的秘訣能成爲神，因爲任何方法都是沒用的，都是多此一舉的，所以你能做什麼，什麼都不要做，什麼都不能做。」

註釋

① 轉引自祝振華，金聲玉振（台北：黎明文化公司，民國八十一年十一月），頁一六七。

② 論語，陽貨篇十七。

③ 轉引自楊祖漢，宋元學案（台北：時報文化公司，民國七十二年十一月），頁二八六。

④ 吳經熊，禪學的黃金時代（台北：台灣商務印書館，民國七十九年八月，十六版），頁一。

⑤ 久大編輯部，越過疆界—宗教經驗之種種（台北：久大文化公司，一九八九年八月），頁二二七—二二八。

⑥ 顏回「坐忘」工夫，雖出自於莊子「南華經」的「大宗師」，且其體證境界甚至超越了孔子，究竟可信度如何？首先，「公治篇」中，孔子告訴子貢說：「不如呀！我和你都不如顏回呀！」證

明了孔子對顏回精進修道的肯定程度。其次，在「子罕篇」孔子講到顏回說：「吾見其進也，未見其止也。」這顯示了顏回篤實修道，精勤不息的努力程度。最後，在「為政篇」孔子說：「我和顏回整天談論，他只聽而不問，像愚人一樣。等他離開後，我省察他和別人私下言談，對我的話極能闡發，顏回，實在不愚！」顏回的「不違如愚」，在一般人來看，很像痴呆之人；但是卻極似於「天」的「無知」。

⑦ 道德經二十章的原文如下：「眾人熙熙，如享太牢，如登春臺。我獨泊兮其未兆，如嬰兒之未孩；乘乘兮若無所歸；眾人皆有餘，而我獨若遺；我愚人之心也哉？純純兮，眾人昭昭，我獨若昏；眾人察察，我獨悶悶；忽兮其若海，漂兮若無所止；眾人皆有以，我獨頑且鄙，我獨異於人，而貴食母。」

⑧ 道家雖也講「聖王之道」，莊子並於「天下篇」首揭「內聖外王」一詞，直接標舉出道家同樣推崇三代以來聖王政治的理念。不過道家是講反人能，反有為，而歸於「無為」（遮撥私意私智之

為）與「無不為」（自然之自適自化，並無價值理想）的聖王政治自然主義；顯然不同意於儒家執著仁義等「有為」，而本德性以興發大同的聖王政治理想主義。此處「絕聖」，在指反對儒家聖人思想而言。

⑨ 莊子此段原文如下：「去知與故，循天之理，故無天災，無物累，無人非，無鬼責。其生若浮，其死若休，不思慮，不豫謀，光矣而不耀，信矣而不期。其寢不夢，其覺無憂，其神純粹，其魂不罷，虛無恬淡，乃合天德」。

⑩ 程東•薛冬編，超佛祖師禪（台北：躍昇文化公司，民國八十二年三月），頁二七。

⑪ 同註⑩，頁二八。

⑫ 高天恩，追索西洋文明裡的神秘主義，當代雜誌，一九八九年四月一號，三十六期，頁二三。

⑬ 曾坤章，大進化（台南：偉誌出版社，一九九三年四月，三印），頁六八。

我們的自尊是由於我們在自己心中意識到神而產生，聖人之所以能做到謙讓，完全是以自己內在裡所領悟到的神爲憑藉。——愛默生

臺灣地區多年來自殺的問題，已經到令人觸目驚心的地步：

一、根據衛生署和榮總的最新統計；過去九年來，臺灣地區至少有六千個十八歲以下孩童，利用藥物或其他方式自殺。

二、臺灣地區六十五歲以上老人自殺比例，是美國老人的六倍。

三、許多社會精英如李鎧將軍、三毛（作家）、北一女學生等，均以自殺結束生命。

這些自殺事件，除了令人深感遺憾與惋惜外；其實也可以帶給我們許多人生問題的省思，諸如為什麼一個人不能自殺？為什麼我們必須扮演現在的角色，認眞的生活？為什麼我們必須努力面對困難與挫

折？甚至，我們為什麼要活著？這樣的為什麼，對許多人來說，確實很多的。這些人生的疑問，究竟可以從那裡得到解答呢？筆者以為，這些問題如果從東西文化最精髓的思想去探索，我們的確可以得到幾個不同層面的了解。

壹　人生是從「無」到「有」的學習

人類在哲學、宗教的最深邃思想，很早就指出，人到這個世界，既不是為了吃喝玩樂，也不是為了榮華富貴；而是在先天上帶有一種使命──自我精神的淨化。這個使命，儒家謂之「天命」①；道家謂之「歸根復命」②；佛家（尤指禪宗）則說「回家」；聖經則講「回歸基督」。

使命哲學中的「天命」或「回家」等等理念，透露出的不可思議之處，就是──這個世界並不是我們眞正的家，我們眞正的家不在此地；佛家「實相無相」四字的解釋極好；意指一切可見的有相世界，是假相的存在；眞正亙古不變的實存世界，是大化流行卻不可聞、不可見的無相領域。宋儒周敦頤的「太極圖説」，講無極（無相）而太極（有相），太極（有相）生兩儀（陰陽），兩儀（陰陽）生四象（春、夏、秋、冬），四象生八卦（萬相）。也就是説萬相萬物從「有」而來，而「有」卻源自於「無」。老子「道德經」亦云：

「天下萬物生於有，有生於無。」③

這「無」指的是無相之境，而一切生命原本都存在於此。問題是，為什麼他們會從「無相」情態，落到「有相」世界呢？答案是—為了展現自己的完美，豈料卻因此迷失了原本光明圓滿的本性，執著有相世界的一切，好像一個得了失憶症而流落在民間的國王，再不知道自己的本來面目，更別説去找回家的路；因此，東西方聖者在使命哲學的架構下，提出了許多完成天命的至理名言：

一、儒家：「明明德」（明白自己本有的光明德性）。④「率性」（依循自己至善的本性）。「修道」（涵養崇高光明的道德）。⑤「致良知」（實踐、恢復良知）（陽明全書）。「止於至善」（達到最純淨的完美圓善）⑥。

二、道家：常德不離（不能離開自我恆常永存的道德本體）⑦。「致虛極、守靜篤」（使虛靜的精神，完全超脫於名相等外物的分別，持守動搖與本來具足的實然本性）⑧。

三、佛家：「明心見性」（明白本心自性是誰）⑨。「找回本來面目」（找到「眞我」究竟是誰）⑩。

四、基督宗教：「清心」的人有福了，因為他們必得見上帝。⑪

以上各家所言，都肯定每個人性體的光明圓善，只是這種圓善，必須本心虛極靜篤才能實現。為了恢復心體的至善，我們目前所在的有相世界，就像一所短期學校，大家都在這個學校裡修習學分：

一、扮演不同的角色：大家不斷扮演夫妻、父母、子女、兄弟、親友的倫理關係與男女性別。

二、經歷生命的體驗：不斷經歷成功失敗、貧窮富貴、愛恨情仇、出生死亡、歡喜慚愧、榮耀恥辱的種種生命體驗。

三、學習精神的淨化：所有屬於精神上的美善德性，如愛、關懷、寬容、忍耐、平和、誠實：：等都是必修學分。這項課程的學習，必須持續到我們在精神上不斷提昇精進，直到進入「常樂我淨」（在無我的狀態下，所獲得的永不止息的悅樂）的圓滿境地。

貳　人生是從「窮」與「通」中得到學習

物質世界既是一所學校，那麼任何生活中的體驗，都是精神進步的動力。例如，不論你面對著稱心如意的人生，或窮途潦倒的際遇，都是一種不同形式的訓練。因為成功幸運是為考驗你是否得意忘形；失敗挫折是為了激發你的勇氣毅力。孟子說：

「得志與民由之，不得志獨行其道，富貴不能淫，貧賤不能移，威武不能屈，此之謂大丈夫。」⑫

孟子強調，人生的境遇，不論順逆，不改其道。特別是在我們各種人生體驗中，困難、失敗的磨練，對人尤其有益。孟子就有句名言：

「舜發於畎畝之中；傅說舉於版築之間；膠鬲舉於魚鹽之中；管夷吾舉於士；孫叔敖舉於海；百里奚舉於市；故天將降大任於斯人也

，必先苦其心志，勞其筋骨，餓其體膚，空乏其身，行拂亂其所爲；所以動心忍性，增益其所不能。」⑬

一個人愈是在艱苦的困境中，就愈能經歷「動心忍性」的考驗，精神的成長與德性的智慧，也往往勝於常人。如果能更上層樓，對成功、失敗皆不動於心，而超然物化，就到了莊子所說的：

「窮亦樂，通亦樂，所樂非窮通也。」⑭

不論窮通皆得其樂，此人必已超越窮通的假象（基本上，成功與失敗，沒有眞正的標準，皆因人主觀認定而產生的意義。對名慾薰心者而言，大富大貴為成功；對四大皆空的人而言，身無一物為成功。聖人知其空幻，為觀念遊戲，故能超越類此文字、觀念、語言等名相），體驗到性體「無得無求」的本然之樂。而這種樂，是不斷在「窮」與「通」的歷練下，翻轉所得的智慧醒覺，這才是生命迭經磨練的終極目標與理想聖境。

就整體來說，在我們人生既定道路上，早就有無數的困難與失敗在等待著我們；不過它的存在，並不是為了要跟我們作對，而是為了幫助我們在精神上的成長。

參　生命智慧的體驗無法替代

既然人生目的是為了來「明明德」、「致良知」、「盡心知性」，致力於德性精神的純化；其最獨特之處，就是這種學習，純屬「自修自證」，他人絲毫無法代替。

在我們人生裡，像這樣無法代替的事不勝枚舉；例如，任何人無法代替我們生病，無法代替我們死亡，也無法代替我們精神上的學習。我們常看見有些人脾氣不好，喜歡生氣，也許偶爾會向他們提出一些修養上的建議；但建議歸建議，真正的關鍵在於，他自己是否肯真正改變這個惡習；如果自己因循苟且，不肯真正的變化習氣，好脾氣永遠都不會突然掉到他身上。所以人生體驗的精進深化，惟有依賴自己的努力，他人永遠無法代替。

人生既是來學習，既是來接受考驗，那麼自殺這件事，就愈是顯得愚不可及。因為這是一種「逃學」的行為。也就是說，在我們接受許多困難卻有益的課程時，有些人卻想逃避，不肯繼續在這所學校上課學習。

然而緊接下來的問題是，自殺眞的能逃避這些學習嗎？筆者的答案當然是否定的！這可以從三方面來看：

一、東西方宗教、文化都一致指出，人的生命並沒有死亡，儒家說「死而不亡」（張載）；道家說「不生不死」；佛家說「不生不滅」；基督宗教說「永生」；西哲康德(Immanual Kant 1724-1804)也從邏輯的推理說「靈魂不滅」。人如果根本沒有死亡，只是不斷在改變時間與空間，那麼自殺的結果，生命並沒有消失，則自殺一事，豈非多此一舉？又如何能超脫痛苦？

二、十九世紀中葉（一八五〇年）起，西方就開始進行「超心理學研究」，其中「出竅經驗」(Out Of Body Experience)與「死亡經驗」(Near Dead Experience)的研究，已有大量的文獻問世。百餘年來，經過許多科學家、醫學家及心理學者的調查發現，在我們周遭，有許多人都曾經有「出竅」及「死亡」經驗。

首先，在出竅的當時，每一個人都發現自己會緩緩上升，直到二至三公尺高度，俯瞰自己的肉體；這時，會感覺十分的舒適，不斷飄浮在空中；自己也能清楚看到醫生、護士對自己肉體所作的急救過程與談話內容，經科學家查證，這些病人救活之後，所陳述的救治過程。竟和病歷表上醫生的記載完全相同。筆者就有兩位親友，有這樣的出竅經驗；國內大企業家王永慶先生的公子—王文洋先生，也曾因藥物過敏，在長庚醫院，發生出竅現象四個小時，經記者採訪，曾刊登於媒體。其次，有些人會更進一步，從空中飄浮現象，進入第二階段—即所謂的「死亡經驗」。這些人均有一共同現象，就是進入十分明亮的光柱隧道；在隧道中或盡頭，有許多人會見到自己已逝的親友，或自己信仰的神祇。而有這些經歷的人，在經過急救甦醒後，都堅信此事千眞萬確，並非夢境。事實上，西方這類研究結果，與我國道、佛兩家數千年前經典所載相符，印證生命不死現象，不僅是宗教理論而已，極有可能是放諸四海皆準的事實。

三、近年來在國內十分暢銷的現代心理學分析著作「前世今生」

，作者美國西奈山醫院精神病科主任魏斯博士，記錄病人在出竅階段，和靈界高級指導者的對話中，有一段話是這麼說的：⑮

——我們有必須償還的債，要是沒有還完，就得帶著這些債到下一世去，好讓它們還掉，你在還債中能得到進步。你過完的每一生若沒有償清貪婪或色慾的債，下一生就變得更難；要是完成了，就會有容易的來世。所以等於是你自己選擇會過什麼樣的人生。在每一個階段，自己過的生活是自己選的，要自己負責。

這種涵意的文字，在近代西方是不太常見的，因為這是我國道、佛兩教典型的「輪迴」思想。它的主旨，就是強調人生的目的在於精神上的學習，還債代表了精神德性的進步與逐漸純淨。如果沒有完成這一生的學習，下一世的生活會變得更為困難。

從以上的觀點來看，自殺其實是中斷人生課程，無法完成學習的糊塗舉動。這也意謂著自殺的人，將有一個比這一生更困難坎坷的來生。果眞如此，那我們為何不坦然在此生中，面對挫折橫逆，動心忍性，用心的學習，不是反而更能增長智慧，涵養德性嗎？何苦愚昧的自我了斷生命，為自己製造一個負擔更重的來生呢？

再者，目前東西方許多靈魂學文獻研究顯示，自殺者的靈魂，多屬於恐懼、憎恨、忿怒的生命，不但本身痛苦不安；而且所去的地方，也是陰暗、恐怖、淒涼的世界。日本知名靈學家中岡俊哉，在所著的「自殺者所說的死後世界」一書中，提到（主要是透過具特異體質的靈媒，以招魂術等方式，請自殺者借用靈媒身體說話。或由自殺未遂者，敘述其死亡出竅經驗的見聞）：⑯

——一般自然死亡者，有90%的靈體可以離開肉體，而能安然通向靈界；自殺者因損壞了靈體的魂魄，導致靈體一半以上無法全然脫離肉體，使之無法通向靈界，而必須走向比「活地獄」更勝十倍或百倍痛苦的世界，「地獄」裡極大的折磨都加諸在自殺者身上。

——總之，自殺者，在自殺的瞬間，表面看來彷彿是脫離了現實的壓力，其實是到死後的世界接受責罰與折磨。

如果東西方宗教、哲學，與現代超心理學所說的「靈魂不滅」，確為事實（筆者較傾向於肯定東西方宗教、哲學家所說為眞。除了東西聖哲之精神已臻「至誠」，不可能欺騙外；許多聖賢在修行過程中，多能獲得極為特殊的特異能力，本身可以驗證這些肉眼難見的世界。這在各家宗教、哲學文獻典籍中，有著大量的記載。）；那麼本書所説，自殺者的死後，將比生前更為痛苦的說法，就極有可能是眞實的；如此看來，自殺實在是一個想都不要想的妄念邪見。而國父孫中山先生在他的哲學思想中指出，人在進化的歷程上，必然要從人性，進化至神性。這個「神性」如果代換成東西文化的終極典型，那自然是聖人、眞人、佛與基督。換言之，成為神性的人，才是我們每個人共同的終極目標與使命。

基本上，整個宇宙的生命，都是彼此完全相同的「永恆存在者」；一旦能夠自我醒覺，透過相續不斷的生命之旅，在一次又一次「超越窮通」的學習中，完成精神的了悟與淨化，就能重新回歸潔淨圓滿、光明無際的宇宙精神智慧海。不過，一旦有人採取自殺來逃避「學習」，那麼他將更加遠離這個圓覺的智慧海。同時，勢將面對痛苦不堪的死後世界，與負擔更加沈重的下一個生命。

註釋

①中庸，首章。

②老子，道德經，復命章第十六。原文為：「夫物芸芸，各歸其根。歸根曰靜，靜曰復命，復命曰常，知常曰明；不知常，妄作凶。」

③老子，道德經，反覆章第四十。

④大學，首章。

⑤同註①。

⑥同註④。

⑦老子，道德經，常德章第廿八。

⑧老子，道德經，復命章第十六。

⑨六祖壇經中，慧能並未直說「明心見性」四字，而是在咐囑品第十中說：「識自本心，見自本性。」

⑩「本來面目」一語是禪宗形容「眞我」的慣用詞彙，依慧能「六

祖壇經」咐囑品說法，「本來面目」就是要「見性」，其原文曰：

「吾今教汝識自心眾生，見自心佛性。欲求見佛，但識眾生；只為眾生迷佛，非是佛迷眾生。自性若悟，眾生是佛；自性若迷，佛是眾生。自性平等，眾生是佛；自性邪險，佛是眾生。汝等心若險曲，即佛在眾生中；一念平直，即是眾生成佛。我心自有佛，自佛是眞佛。自若無佛心，何處求眞佛？汝等自心是佛，更莫狐疑！外無一物而能建立，皆是本心生萬種法。故經云：『心生種種法生，心滅種種法滅。』吾今留一偈，與汝等別，名『自性眞佛偈』。後代之人，識此偈意，自見本心，自成佛道。」

⑪ 聖經，馬太福音第五章。
⑫ 孟子，滕文公下。
⑬ 孟子，告子下。
⑭ 莊子，南華經，讓王篇。
⑮ 布萊恩・魏斯(Brian L. Weiss)，前世今生（台北：張老師出版

社，民國八十二年十月，初版六七刷），頁一四九。

⑯ 中岡俊哉著，蔡澄振譯，自殺者所說的死後的世界（台北：千華出版公司，民國七十五年十月），序二。

從儒家哲慧看自殺問題

那不背棄真理的人，將與上帝同在。——蘇格拉底（Socrates）

最近一位成功大學四年級的女學生因為情場失意，在留下了兩封遺書後，自殺身亡。她的第一封遺書是寫給男友，文中提到兩人相交多年，卻始終感覺不到對方誠意，毫無安全感，這段不可能有結果的戀情，讓她覺得「好累」，再也沒有勇氣走下去，所以選擇以「死」作為兩人關係的結束。

第二封遺書是寫給祖母，她表示在這個世界上，似乎找不到眞正關心她，愛她的人，她感覺既孤獨又寂寞，生不如死，決定一死了之。

我相信許多人都跟筆者一樣，看到任何人以「自殺」的方式了結生命，都會感到十分的惋惜；而這位女學生以「沒有人關心」、「感到孤獨、寂寞」的原因而尋死，更令筆者增了添了許多深層的感觸，也想到了儒家可以給現代的一些人生哲慧：

第一、自殺有負人生「使命」。

儒家認為人應當「善惜」生命，為小事而犧牲生命，都是不值得。因為人生的目的在於「使命」的完成，也就是自我人格的完成與價值生命的建立。孟子在「盡心篇」就多次提到「使命」的觀念：

「修身以俟之，所以立命。」①

「君子行法以俟命而已矣。」②

「盡其道而死者，正命也。」③

「天下有道，以道殉身；天下無道，以身殉道。」④

這幾句話充份說明，人生以「修身」（明明德）為第一目的，使自我原本至善的天性能不斷存養擴充，最終以「實踐仁愛」為人生價值生命的正道，甚至寧死不負此志。

儒家由於繼承了三代的「死後生命觀」，因此孔子說過，人死後並未一切煙消雲散，而是「氣盛者為神，魄盛者為鬼」⑤。宋代程、張雨子更以陰陽造化之理，論定人死陽魂升者為神，陰魂降者為鬼。換言之，儒家為完成「使命」，願盡道而死的重要認知，是人根本不會死亡，而是依德性生命完成的等級，成為「氣盛者」或「魄盛者」的死後生命。而依儒家定立的目標，當然是追求「氣盛」，最終達到孟子所說的：⑥

「夫君子所過者化，所存者神，上下與天地同流。」

從儒家來看，人並不會死亡，人又是到世間來完成「明明德」（昌明自身光明的德性）的「使命」，因此沒有理由不全力以赴，使自己早日德行配天，與天同流。如果有人不走這條大道而死，就是孟子所說「非正命也」⑦，就是「逆天」⑧，死後當然也不會有好的結果。

第二、自殺有負父母的期許。

孔子以為君子因為明道知天，所以畏天命，畏大人（聖者為王之人）、畏聖人之言。⑨因為要實踐「天命」，所以必須善自養護軀體，而自殺則是「不畏天命」的舉動。更何況，人身乃父母所賜，不可損傷，孔子說過「父母唯其疾之憂」（父母最擔憂的就是子女生病）⑩，而自殺卻是將父母的至愛予以毀滅，可說是「大逆不道」。

桃園縣楊梅鎮有位王龍雄先生，九六年，他在中央大學企管系就讀的兒子王逸濤騎車回家途中，不幸遭人酒後駕車撞傷不治。驟失愛子，讓王龍雄陷在悲傷裡久久無法平復。每憶起王逸濤以第一志願考上中央大學，以及獲得中央大學優秀學生獎學金，更難掩無限的哀思。為了讓兒子的魂魄與中央大學同在，他把孩子骨灰送到學校不遠處的圓光寺安置。九六年九月起，他在企管系成立「王逸濤獎學金」，每學期獎勵五名優秀學生各一萬元，同時只要工廠不太忙，他一定抽空到企管系各相關課程旁聽，以繼續兒子未完成的大學學業。

企管系多位教授表示，透過王龍雄的身教，的確讓不少校內年輕學生體會到父母親的心情，並多保重身體，不酒後駕車。中央大學學務長表示校方一直很感佩王龍雄的「愛屋及烏」，學校也總會記得特別為他在課堂上留個位子。⑩而王龍雄先生愛子深切的心情，是不是更能令人感覺到，自殺將對父母、長輩造成多麼深沉的傷痛呢？

第三、自殺者未能珍惜身體的可貴。

最近國內一位「癌症小巨人」周大觀小朋友因敵不過癌病去逝，令大家同聲痛惜。周大觀無懼於疼痛，積極向死神要命，雖未成功，但在他所寫的詩集裡，字裡行間都在「求生存」，也在「求尊嚴」、「求價值」。事實上，不僅是周大觀，在這世上還有許多掙扎在死亡線上，始終不放棄與健康奮鬥的案例，但是他們卻求生而不可得。因此，面對許許多多身體健康卻輕易自殘生命的人，總令人感嘆他們對生命與身體的不知珍惜。

有一次，一群團體參訪花蓮慈濟醫院，走到植物人病房的時候，正好看見一位志願義工跪在地上向病人叩頭，大家都很奇怪，有人就問他為什麼？他說：

「我以前從來不知道自己多幸福，經常埋怨家裡不夠有錢，父母身份太低，自己擁有的太少，一直到我來到這裡，照顧這位植物病人，我才發現自己的愚蠢。因爲植物病人什麼都不能做，生命完全操控在別人手上，而我卻能自由健康的生活，也有能力爲別人服務，所以植物病人沒有的，我都有，他不能作的，我都能做，這是我最大的福報。我要向病人叩頭，是因爲我感謝他，讓我懂得了惜福知福；他雖然一個字沒講，卻讓我明白了許多的道理。所以我發願，在每次做完一件事情之後，我就以叩頭向他表示我的感謝。」

大家聽了志工這席話，都為他感到高興，也覺得自己受惠匪淺，因為健康的身體，加上珍惜的心，那眞是人生最寶貴的財富。

第四、人生孤獨是因爲自我心靈封閉。

西哲愛默生(Rolph waldo Emerson 1803-1882)說過：「人們之所以寂寞，是因爲他們不去修橋，反而築牆把自己圍起來。」哥德以爲：

「人類煩惱和憂愁的根源，主要是爲自己設想太多。」

板橋市志願服務隊有位羅小霞女士，民國七十六年間，一個偶然機會發現一個因注射不良，大腿以下萎縮的小女孩。由於家境清寒，羅女士把她送到台大醫院，又四處為她籌措醫藥費。她並且常去台北縣遊民收容所整理環境或幫遊民洗澡。之後她認為這樣還不夠，就主動到街頭找遊民，這些都是神智不很清楚或不良於行的人，她就利用下班時間送飯給他們；最終目的是幫他們找到家人或安養機構，而在整個過程中完全是自掏腰包，沒有任何基金會金錢上的贊助。

當然接近遊民並不太容易，必須慢慢的溝通才有辦法接近他們，十年工作下來，羅小霞幾乎已成遊民心中的「活菩薩」；但她表示，遊民才是她心中的「活菩薩」；因為有了他們，讓她心中更有成就感。不幸的，在六年前羅小霞發現自己罹患乳癌，但她卻未放棄這項助人的辛苦工作，她說現在她已把疼痛變成了一種情趣。而且十年來工作的感受是「得的比捨的多」，她認為自己已在無形中得到福報；以前常帶遊民看醫生，在自己生病後，相對的也得到醫生很好的照顧，讓她能以開朗的心面對各種事物。⑫

羅小霞女士同時要照顧遊民和自己的家庭，她的生活中所遇到的困難和挫折必定極多，但是她卻從不氣餒，反而繼續勇敢奮鬥。她也面臨癌症的病痛和死亡的威脅，但是她沒有自哀自憐，而是開敞心靈，用大愛的情向無助的遊民走去，讓自己的生命和社會的大生命感通交融，共享悅樂。

詩人雪佛(Nathan C. Schaeffer)說過：

「到人生的終了，最重要的問題，不在你得到了什麼，而在你付出了多少；不在你贏得了什麼，而在你做了些什麼；不在積儲了多少，而在你犧牲了些什麼；不在你受了多少榮譽，而在你愛得多深，爲人服務多少。」

的確，人活在這世上，應該記住「無論如何，彼此相愛」的崇高目標。

註釋

① 孟子，盡心上。

② 孟子，盡心下。

③ 同註①。

④ 同註①。

⑤ 禮記，祭義篇。儒家「死後生命」的觀點，可以在其鬼神思想裡發現其中的深意。儒家鬼神觀主要散見於「易傳」、「禮記」、「詩經」、「論語」等典籍。易傳豐卦彖辭就說到時間與天地、人、鬼的關係；「日中則昃，日盈則食，天地盈虛，與時消息，而況於人乎，而況於鬼神乎。」時間有盈有虛，有消有息；天地萬物，包括有限的精神存在—鬼神，莫不受時間的限制。傅佩榮先生以為，易傳中鬼神的涵意有三。第一、神或鬼仍指傳統所謂的某種實體，其特色是人類可以察覺的。第二，鬼神對人的吉凶禍福頗有影響。第三，「人謀」與「鬼謀」對一般百姓具有同等

價值。（引自傅佩榮，儒道天論發微，台北：台灣學生書局，民國七十四年十月，初版），頁一一八。

「禮記祭義篇」有一段話，可以代表儒家對於鬼神特性的解釋：

「宰我曰：吾聞鬼神之名，而不知其所謂。子曰：氣也者，神之盛也；魄也者，鬼之盛也；合鬼與神，教之至也。眾生必死，死必歸土，此之謂鬼。骨肉斃於下，陰為野土；其氣發揮于上，為昭明，焄蒿悽愴，此百物之精也，神之著也。」人由氣與魂合成。魂為形體，人死形體歸於土。氣為魂為神為精。雖然儒家沒有「精神」這個名辭，但是鬼神為精神體之思想，已存在於先秦儒家哲學中。同時在古代氣被用來代表生成萬物的原理。它能成物質，也能成精神，並有清濁之分。氣之清，指精神性的氣，此「氣」在人死後，發揚於上，不隨形體骨肉而歸土。儒家用「昭明」二字形容人之氣與魂，指出人精神性的氣和魂輕靈明澈，與人的物質成份不同。易傳並謂精氣為物是也，及其散也，則魂升而為神，魄降而為鬼矣。孔子以為神原於自然，人死則稱乎鬼；而神主敦和以從天，鬼主別宜而從地，儒家顯然有神尊而鬼卑的思想。

至於鬼神對人的功能，禮記「樂記」篇云：「大樂與天地同和，大禮與天地同節，和故百物不失，節故祀天祭地，明則有禮樂，幽則有鬼神。如此，則四海之內，合敬同愛矣。」禮樂者，為聖人之功用，在能同天地之和與自然之節，鬼神體物而不遺，禮樂體事而無不在，二者一明一幽，同運並行，故能使四海之內，無不得其節而合於敬，無不得其和而同於愛。此外，鬼神在先儒思想中，還是一個天理善惡的執行者，因此易經謙卦彖辭云：「鬼神害盈而福謙」。鬼神厭惡驕傲自大之人，福佑謙虛之人，足見鬼神能分辨善惡及執行獎善懲惡的天理。

鬼神除了執行善惡賞罰外，同時還是人的先祖，與有德之人，因此，儒家特別重視「天」與「鬼神」的祭祀，中庸說：「子曰：『鬼神之為德，其盛矣乎！視之而弗見，聽之而弗聞，體物而不可遺。使天下之人，齋明盛服，以承祭祀，洋洋乎如在其上，如在其左右。詩曰：『神之格思，不可度思，矧之射思。』（中庸第十六章）禮記「正義篇」對這段話註解曰：「此一節，明鬼神之道，無形而能顯著誠信，中庸之道與鬼神之道相似，亦從微至著，不言而自誠也。」

⑥ 同註①。

⑦ 同註①。

⑧ 孟子，離婁上。

⑨ 論語，季氏篇。

⑩ 論語，為政篇。

⑪ 吳佩玲，「代子上學」，聯合報，民國八十六年四月二十五日，五版。

⑫ 陳淳毅，「愛在街頭蔓延時」，聯合晚報，民國八十六年四月十日，二十版。

儒家「天命思想」的現代啓示

從某一方面來說，人這個「我」並不是由每個人自己來支持，而是由比「我」更崇高的存在者來支持的。——斯特拉霍夫

天命的道理，孔子自述他是在五十歲明白的。有一次，他面對眾多弟子，作了精要的闡析，其大意是說：

「人本來就是天，因爲人的本性就是天的本性。許多人會不像天，是天性迷失的緣故。我們來到世上的天命，是要明白自己至善的天性，這個至善的心體，就叫做『道』。如果能把『道』的美善形之於外，就能對眾人產生良好的教化作用。」

這話強調了人與天原本合一。也指出人一旦回復善性，便能與天復合。這就是「中庸」首章的：①

「天命之謂性，率性之謂道，修道之謂教。」

孔子陳述的「天命」，推究起來，顯示了幾個重要涵義：

第一、復性才能返天

人與天其實本是一個，並無分別。可惜人受到身體的障惑，沾染了物慾，才和天分離。回天大法，就是復返天性。孟子也解釋：②「盡其心者，知其性也；知其性，則知天矣。存其心，養其性，所以事天也。殀壽不貳，修身以俟之，所以立命也。」（凡事盡其良心的人，就知道自己的天性；知道自己天性，也就知道了天。人能保存良心，涵養天性，就是在事奉天。能毫不疑慮個人夭壽禍福，終身不止這樣修身的人，便是立住了天命。）

按照孔孟二聖的意思，人生在世，眞正目的，就是存良心，養天性；並藉此明天道，立天命，當下就是天人合一。

儒家的「使命論」，不僅與道釋兩家相同；而且與近年國內最暢銷的超心理學著作「前世今生」(Many Lives, Many Masters)（美國西奈山醫學中山精神病科主任布萊恩・魏斯博士(Brian L. Weiss)所著）之說不謀而合。

根據作者魏斯醫生所述，有一天他在對罹患嚴重憂鬱症及恐懼症的病人凱瑟琳小姐作催眠治療時；病人在催眠下，竟然說出存在潛意識中的前世生命紀錄。同時在催眠中的凱瑟琳，也能夠說出和靈界高級指導靈討論的生命目的：

——我們到世上的目的，是怎樣使自己完全。我們每個人都有功課要學。一次學一樣，按順序來。只有學完一樣時，才知道下一件是什麼。③

——每個人的道路，基本上是相同的。我們在有形體的狀態下都有東西要學，有的人學的比別人快些。施與、希望、信心、愛……我們必須都要透徹的了解。有宗教信仰的人離這個境界比我們近，因爲他們立過服從與純潔的誓。他們付出許多卻不求回報。其餘的人則計算得失，並爲自己的行爲找合理的藉口。回報就在於去做，不計得失成果去做，無私的做。④

——在下一世中，我們都會帶著沒有完成的特性，可能是貪婪，可能是色欲，這是我們要償的債，而且克服這個特性。如果沒有做到，將來還要帶著這個特性，外加另一個，到下一世中，負擔就更重。你過完的每一世中，若沒有償清這些債，下一生就會變得更難；要是完成了，就會有容易的來世。所以等於是你自己選擇會過什麼樣的人生。在每個階段，自己過的生活是自己選的，要自己負責。⑤

——在塵世裡學與靈界裡學，那是不同層次的學習，有些是必須在血肉之軀裡學的，必須讓我們感受到痛（生理、心理的各種痛）。成爲靈魂時，沒有感官，是沒有痛的。只有快樂、幸福感，那是一個更新的時刻，你的靈魂會恢復元氣。而在靈魂形式時，彼此的互動是不一樣的。但在肉體狀態時，你可以體驗人際關係。⑥

當作者魏斯博士完成幾個月的催眠治療過程，病人凱瑟琳完全康復後；他將催眠所得到的訊息，歸納如下：⑦

「我漸得到一套有系統的靈魂學；這個學說講的是愛與希望；信心與善意。它檢視了德行與罪愆，對別人與自己的債務；它包括了前世和一生與一世之間的靈魂層面。說的是靈魂透過和諧與平衡得到進

106-

台北市新生南路3段88號5F之6

揚智文化事業股份有限公司　收

廣告回信
臺灣北區郵政管理局登記證
北台字第8719號
免貼郵票

姓名：

地址：　　縣市　　鄉鎮市區　　路(街)　　段　　巷　　弄　　號　　樓

(請用阿拉伯數字書寫郵遞區號)

電話：(　)　　FAX：

化，進化至神相連的狂喜境界。」

「前世今生」一書，係現代超心理學中的靈魂學研究，在西方已有一百五十年左右的研究基礎。不僅已成為當代科學界所重視的學術領域；相關研究文獻與論文，廣如翰海。儘管仍有人懷疑其可信度；但是書中所說人到塵世，必須得到「愛」、「希望」、「信心」、「善意」的「學習」；竟暗合「復善性」、「立天命」的孔孟思想，具有哲學崇高的理性精神。至於「進化至與神相連的狂喜境界」，正是儒道釋三家「天人合一」的共同化境，若非天道正理，豈能如此巧合！

第二、要學天才能像天

依孟子「盡良心」即知天理來看；「良心」其實就是天心。人若要像天，就得學天，凡事都以良心發用，王陽明即說：

「這心的本體，原只是個天理。這個便是汝之真已，這個真已是軀殼的主宰，真是有之即生，無之即死。汝若真爲那個軀殼的已，必須用著這個真己，便須常常保守著這個真己的本體。」⑧又說：

「良知良能，愚夫愚婦與聖人同；但惟聖人能致其良知，而愚夫愚婦不能致；此聖、愚之所由分也。」⑨

「心之良知是謂聖；聖人之學，惟是致此良知而已。自然而致之者，聖人也；勉然而致之者，賢人也；自蔽自昧而不肯致之者，愚不肖者也。愚不肖者，雖其蔽昧之極，良知又未嘗不存也。苟能致之，即與聖人無異矣。此良知所以爲聖、愚所同具，而人皆可以爲堯、舜者，以此也。」⑩

陽明「良知」之學，講的就是——良心即天理，與良心之外無天理。問題是人肯不肯事事致良知，用良心朗照而已。

美國第廿八任總統威爾遜(Woodron Wilson 1856-1924)有一次在實施一項重大政策時遭遇了困難。他的秘書建議他改採另一種可以取巧的方法，威爾遜總統考慮了一下說：

「我的上司不讓我這樣做。」

那位秘書覺得很奇怪，美國總統上面還有什麼上司，就問：

「誰是你的上司?」

這位第一位世界大戰後創立國際聯盟的政治家說:

「我的良心就是我的上司,他驅使我工作,可是不讓我接受誘惑性的邀請。」⑪

美國第十六任總統林肯(Abraham Lincoln 1809-1865)也有一件誠實的軼事:

一九六一年三月四日,林肯於白宮就任總統職務,白宮一位職員替他寫了一封簡單的通知給當時國庫秘書,要他在每月一日發給他薪俸多少錢。以誠實著名的林肯看了,認為從三月五日起他才能全日辦公,所以他就把這份通知中的「一日」改為五日。當時美國總統年薪是美金貳萬五千元。因此他這一更改,使美國人民所繳的稅捐,節省了美金二百七十三元九角七分。⑫

人用良心作事,所作的事也就是天作的事,萬事都能看到天理的軌跡。政治家肯用天理治理國家,奉獻社會;那個國家、社會必定祥和公義,充滿光明希望。

第三、「致良知」必須在倫理中磨煉

凡看過四書的人都會同意，儒家非常重視倫理的實踐。如大學講「齊家、治國、平天下」，中庸講「五倫」——君臣、父子、夫婦、昆弟、朋友。講「九經」——修身、尊嚴、親親、敬大臣、體群臣，子庶民、來百工、柔遠人、懷諸侯。儒家如此重視倫理，是因為倫理關係，完全建立在「格物（格除物慾）、致知（致良知）、誠意、正心與修身」的工夫上。至於知、仁、勇三達德，與忠、孝、仁、愛、信、義、和、平八種德行的具備，也無不奠基自倫理的實踐。

明代登州衛指揮僉事戚景通，暮年得子，心裡格外高興。這位愛國老將給兒子起名繼光，意思是繼承和發揚祖先的德業。

一五四〇年，戚景通告老還鄉時，祖居的房屋已近兩百年，十分陳舊。他打算整修一番，命令工匠安設四扇鏤花門户。年僅十二歲的戚繼光聽工匠們說：

「公子家是將軍宅第，可以安設十二扇雕花門戶」

他便向父親提了這個建議。那知立刻遭到父親的斥責，說他不該貪圖虛榮，講究排場，並諄諄告誡他：

「你將來長大成人，能世守此業，我就心滿足意了。如若不然，奢華浪費，連這點兒家業也會保不住的。」

戚繼光肅立在父親面前，恭謹的接受了父親的訓示。事隔不久，戚景通問兒子：「你的志向何在？」繼光回答：

「志在讀書。」戚景通說：

「讀書的目的在弄清忠孝廉節四個字，否則就什麼用處也沒有。」

並命人把「忠孝廉節」四個大字書寫在新刷的牆壁上，讓兒子時時省覽。

從此，戚繼光每天看牆上的大字，想著年邁的父親即使在晚年都還關心國事，苦心研究國家邊防的問題，深受感動，決心刻苦奮發；一面努力學習武藝，一面專心讀書文章。幾年過去，戚繼光博覽群書，學業大進；並以深通經術名聞一方。年老的父親看著兒子日益長進，內心歡喜。

有一次，繼光的母親張氏憂慮家裡沒錢，父親指著繼光說：「這不就是我們最大的財富嗎！」

戚景通在職務歷練上，學到了「忠」、「儉」、「義」等美德。在父親角色上，表現了「仁」、「慈」、「愛」的精神；可說是活出了成功圓滿的人生。

戚繼光在兒子的身份上，學到了「孝」、「儉」、「勤」。在後來的軍事生涯中，也成為家喻户曉的忠勇典型。這一對父子，俱在倫理之中，立住了自己的天命，彰顯了高貴的德行。

綜前所述，孔孟的天命思想有三個層次——

第一、聖學之道，必先體悟良心就是天心。

第二、天人合一的妙法，就在恢復良知的光明。

第三、恢復良心的妙訣，就在倫理中修煉。

如果真能回復良知的靈明，當下就與天無異了。所以古人說：「五倫是聖賢路，八德是上天梯。」真是錯不了。

天主教聖者培那特，為了時刻提醒自己深刻體認生命的目的，在他自己居室大門上，掛著一塊牌子，上面兒寫著：

「培那特，你留在這世界上是爲什麼？」⑬

因此他每當走進屋去，一定得再度面對自己一生的中心目標。

我們不妨也每天自問一下：

「我留在這世界上是爲什麼？」

註釋

①中庸，首章。
②孟子，盡心上。
③布萊恩・魏斯(Brian L. Weiss)，前世今生(Many Lives, Many Masters)（台北：張老師出版社，民國八十一年），頁五二。
④同註③，頁六一。
⑤同註③，頁一四九。
⑥同註③，頁九九。
⑦同註③，頁一五〇。
⑧王陽明，「傳習錄」，卷上，王陽明全集（台北：文康書局，民國六十九年八月），頁廿九。
⑨同註⑧，傳習錄，卷中，頁卅八。
⑩同註⑧，傳習錄，卷下，頁八八。
⑪周增祥，大人物的小故事（台北：道聲出版社），頁六八。

⑫ 同註，頁四三。

⑬ 同註⑪，頁二三一。

從儒家倫理學看使命哲學

無論對個人或全體人類，愛都能給與內在的和外在的幸福，當然是否走近這樣的結果，完全要看我們的行爲來決定，換句話說，那是我們的責任。——葉慈(William Butler. Yeats)

有一年，孔子要到陳國去講學，沒想到正好遇到陳國發生戰亂，好幾次險些喪生；弟子們在逃難中都走散了，只剩孔子和顏回師徒二人在一起，被困在陳國和蔡國一帶。

孔子年歲已高，加上路途勞累，又淋了雨，不停地咳嗽。他們走了一天路，什麼東西都沒有吃。顏回經過搜尋，終於找到一座破敗的小廟；打掃過後，扶孔子躺下休息。隨後向孔子行了禮，又冒雨到附近百姓家裏張羅吃的東西，好不容易找到一户人家知道孔子的名聲，就把家中僅存的小米送給了顏回。當孔子看到進門的顏回，見他渾身上下都被雨水淋濕，手裏還緊緊護著那包小米，孔子心疼極了。

顏回拜過孔子，便架起柴火為孔子煮飯。快煮好時，有一撮柴灰飄入鍋中，顏回怕把飯弄髒，讓老師吃了不乾淨，不顧飯燙，用手把髒飯抓起來一吃吃了下去。

孔子看到顏回用手抓飯吃，心裏很是不解，認為平時最忠實的顏回，竟背著他偷吃飯。

過了一會，飯煮好了，顏回裝了滿滿一碗，恭恭敬敬的給孔子端上，孔子沒有去接，想了想說：

「剛才我做了個夢，夢見了我已去世的父親，飯要是乾淨的，就讓我用來祭祀他老人家吧。」

顏回聽了孔子的話，忙說：

「那可使不得。剛才飯裏落進了一些柴灰，我怕老師吃了不潔淨，倒掉又不應該，就把髒飯抓起來吃了，飯已經不潔淨怎能用來祭祀呢？」

孔子聽後恍然大悟，心裏非常感動，他望著站在自己面前這個誠實的學生，慚愧的說：「我所相信的是我的眼睛，可是眼睛不是完全可以信賴的；我所信賴的是我這顆心，可是這顆心也不是完全可靠的。回啊！我差點錯怪你了！」從此以後，孔子更加喜愛顏回，顏回也更加尊敬孔子，他們師生的情誼更深厚了。①

在這故事中，顏回展現儒家「誠」的修持境界——在危困中，未怠敬師之「禮」；在患難中，克盡奉師之義；在煮食中，力求潔淨之「仁」；而平日對於長上、同學的孝與悌，對於學問、德行用功的專與勤，使孔子讚譽為三千子弟中最好學者。無怪乎顏回英年早逝，孔子會大呼：「天喪予！天喪予」。

顏回被孔子推崇，主要是他在倫理角色的實踐上，已到達精誠感人的程度。而儒家講的「學問」，正是這種倫理道德的實證。論語「學而篇」子夏就說：

「賢賢易色（尊重賢者，去除好色之欲）。事父母能竭其力，事君能致其身。與朋友交，言而有信。雖曰『未學』，吾必謂之學矣。

」

此話表示，倫理學是人類的根本學問；至於倫理的價值，孔子在「易傳」上說：「窮（天）理盡性以至性命」。原來倫理是「明天理」、「盡天性」與「立天命」之地。孟子也說：

「盡其心者，知其性也；知其性，則知天矣。存其心，養其性，所以事天也。殀壽不貳，修身以俟之，所以立命也。」②

人能顯盡至善的本心，就會知道自己至善的本性，也就可以知道天。因為人心與天心本是一心；能護存本心，涵養本性，就是事奉天，就在走回天大路。這樣的人，和天一樣，特別能得天的喜歡和獎賞。人不論早逝或壽終，都必須修身以存心養性，這既是「知命」，也是「立命」，即人生最高完成之「聖命」與「正命」。

「知命」，是指知道人到這世上的使命。孔子在論語裏，講到它的重要：

「不知命，無以爲君子也。」（堯曰篇）

「君子有三畏：畏天命、畏大人、畏聖人之言。小人不知天命而

不畏也，狎大人，侮聖人之言。」（季氏篇）

君子知道「天命」的重要，所以敬畏大人（聖人為王者）、聖人所講的金玉良言；在言行上重道修德，志成聖賢。小人不知天命，不畏天命，侮慢聖人之言，思言行為因而不堪聞問。

但是人要如何才能完成存心養性的天命呢？孔子在「易傳」中說的十分明白：

「君子居易以俟命」及「君子行法以俟命」。

「居易」是說，身在不同的環境，不同的倫理關係之中。「行法」是講，力行實踐最合宜的倫理行為。合起來說，就在講「君子在不同的倫理角色中，做出最適當的行為，以完成天命，等待天命。」

推究一個人的倫理關係，有直系血親、旁系血親、姻親、及朋友等身分，我們是否都能稱職的扮演呢？對於這點，陽明持肯定的答案，他在答覆學生徐愛的問題時提到：

「知是心之本體，心自然會知。見父自然知孝，見兄自然知弟，見孺子入井，自然知惻隱；此便是良知，不假外求。若良知之發，更無私意障礙，即所謂充其惻隱之心，而仁不可勝用矣！然在常人，不能無私意障礙，所以須用致（良）知格物（欲）之功；勝私復理，即心之良知更無障礙，得以充塞流行，便是致其（良）知，（良）知致而意誠。」③

陽明以為，人祇要肯致良知，則倫理關係的合宜行為，絕沒有不能知之理。因為良知虛靈不昧，能知天知地，擴及萬物。良知的復明盡淨，是倫理通達的鎖鑰。這正符合了大學從「格、致、誠、正」做起，才能談到「修身」、「齊家」、「治國」、「平天下」的旨意。

其實，藉倫常之道存心養性，以立天命的思想，並非儒家所獨有，老子在「道德經」即說：

「修道在身的人，德行是十分真誠的；修道在家的人，家人必能得其德行的餘蔭；修道在鄉的人，鄉人必能得其德行的教化；修道在國的人，一國之人都能因其德行而受薰化；修道在天下之人，其德行能感召天下。」④

修身有成的道場，不僅在個人，或家庭的倫理之中，還擴及家鄉、國家、天下。修身能到此境，老子以為這是「歸根」（回歸自己生命根源）、「復命」（回復到自己眞我的生命）。

禪宗六祖慧能大師也說：

「心平何勞持戒?行直何用修禪?
恩則親養父母，義則上下相憐。
讓則尊卑和睦，忍則眾惡無喧。
若能鑽木取火，淤泥定生紅蓮。
苦口的是良藥，逆耳必是忠言。
改過必生智慧，護短心內非賢。
日用常行饒益，成道非由施錢。
菩提只向心覓，何勞向外求玄。
聽說依此修行，天堂只在目前。」⑤

佛家的倫理觀念，涵蓋整個宇宙一切生命，十分闊大長遠；觸目所見，莫非倫理實踐的道場。要成就無上菩提，必須依緣修行，隨緣歡喜。

總之，中華文化本質上，是要人藉倫理關係，存心養性，復返天命的使命哲學。人若想合天、返天；唯一途徑，就是在倫理上達到至善之地。除此而外，別無捷徑。

清朝名臣左宗棠任陝甘總督時，有士紳在蘭州建了一座湖南會館，館中有戲臺，特請左宗棠賜了一幅對聯：

「都想要拜相封侯，卻也不難，這裏有現成榜樣。
最好是忠臣孝子，看來容易，問他作幾許工夫。」

這幅對聯雖然是在說戲；但問人下了多少工夫想做孝子忠臣，卻有一番深意。

註釋

①董易人，一代宗師傳奇（台北：錦德圖書公司，一九九一年七月），頁三四—三六。

②孟子，盡心上。

③陽明此處所說的「良知」，出自《孟子・盡心篇》上：人之所不學而能者，其良能也；所不慮而知者，其良知也。孩提之童，莫不知愛其親也。及其長也，無不知敬其兄也。親親仁也，敬長義也。無他，達至天下也。

④老子，道德經，善建章第五十四。

⑤六祖壇經，疑問品第三。

儒家「生命的學問」與「學問的生命」

「學問的生命」一詞，是指純粹客觀的學術探討，焦點是在「學問」。「生命的學問」是特指我們實存主體的生命體驗與哲理探索的深化，重點擺在「生命」①。而代表中國思想的儒家，從先秦開始，就如同佛道兩家以「生命的學問」爲價值取向的本源與歸宿。

——傅偉勳

宋儒蘇昺，先後拜大儒張載（橫渠）、二程子（程明道、程伊川）為師。程伊川的弟弟程尹煒年少時，一直以讀書中舉做官為目的，蘇昺就問他：

「你以爲狀元及第便是學問了嗎？」

程尹焞先生聽了，並沒有明白他的意思。第二天，兩人一起喝茶，蘇昺雙手誠敬的舉起杯來向他說：

「你看，這樣不才是真學問？（生活德行，才是最真實的學問。）」

尹焞先生終於醒悟，有志於道，而入程伊川門下為弟子。②

程伊川另一位學生謝良佐（元豐八年進士）；有一次，師徒兩人隔別一年才相見，伊川問他有何進步，他說：

「只戒去了一個『矜』字。」

伊川問為什麼，良佐說：

「我檢點過，所有毛病都是由這個矜字引起。」

伊川聽後，大加讚賞的說：

「這真正是所謂『切問而近思』（在最重要的地方用功）。」③

以上兩則故事，顯示儒家所謂的學問，不是重在詩詞文章的「學問的生命」；而是在日常生活中，涵養道德善性的「生命的學問」。而且「生命的學問」其目的既非為了科學考試，也非為求一官半職，而祇是在求道德心性的圖善與完成。這種信念淵源久遠，孔子便是重要的源頭。

魯哀公有一次和孔子面談，曾經問到：

「夫子的弟子眾多，究竟那一位最好學呢？」

孔子回答：

「我有一位學生叫顏回，他最爲好學，遇問題能自我反省而不責備他人；同樣的過錯絕不再重覆發生。不幸很年輕就過逝了！現在再也沒有看到好學的弟子。④

「學問」的定義，孔子明確的將其重心落在道德品性的修養上。這樣的看法，「論語」處處可見，孔子說：

「想成爲我的弟子，在家應孝順父母；出外應敬重長上；行爲能恭謹誠信；愛人能廣博真摯；並喜好親近仁德的人。經過如此修學而有餘力的人，再去學習詩文六藝。」⑤子夏也說：

「一個人能崇敬賢者，去除好色的心；事奉父母會竭盡其力，爲國家服務能不惜犧牲。與朋友相交，言語信實。這人雖然說自己『沒有學問』，我也一定說他很有學問。」⑥

正如前言所說，儒家其實和道釋兩家一樣，特別專注在「生命的學問」，講究「君子學以致其道」⑦；因此程伊川說：

「大賢以上不論才」⑧

因為人一旦若成了聖賢，便以德為名；別人亦不計較他的學歷、才能的高下。這時的生命，全幅是德性意義的生命。

這種全心在事事物物上，去明白天道正理的眞學問，使我國先聖先賢極重視日常生活的一言一行，宋儒呂東萊就說：

「古人爲學，十分中有九分是要在言行舉止，倫常日用上實踐，只有一分在誦說談論。現在的學者，卻全用力在談論上。從耳朵進來，便從口裡出去，不會涵蓄在身心中體會受用，真是所謂道聽塗說，一定不會有所得。」⑨

總結來說，中華文化中的「學問」，主要是指「生命的學問」而言，其重要意義下：

第一、「生命的學問」能掌握生命的深度與廣度。

我們雖然不能決定自己的長相，不能決定自己的身高與性別；但是透過生命哲理的體驗，我們卻可以用天理慧命，決定自己臉上的表情；決定自己身上的德行，由自己掌握生命智慧的深度與廣度，古人稱此為「天權在手」。這就好像尼采（Friedrich Nietzsche 1844-1900）說的：

「生命的意義，在把腐朽化爲光輝。」⑩

第二、「生命的學問」能恢復善性，回天復命。

孔子在論中說：「年四十見惡焉，其終也已！」⑪（一個人到了四十歲，還讓人看到惡劣的態度、行為，這個人這輩子也就完了）。

基本上，孔子認定人來到世間，是為了恢復我們光明的德性，最終目標則如孟子所說的「上下與天地同流」⑫。人一旦恢復本心的善性，眞我（性體）就能與天相合；這就完成了「天命」；⑬；道家叫「歸根復命」⑭；佛家謂「回家」⑮。因為有相世界並非眞實的世界；佛家就說「實相非相」⑯。眞實的精神宇宙是看不見的；從儒道釋來看，每個有相世界的生命，都從非相的眞實宇宙而來；旨在透過有相世界的學習，恢復博大高明，合天配地的德性。問題是人雖有極高的智慧，但肯不肯「回天」；願不願意「復命」；就看這個人是否肯作生命學問的修身工夫。

第三、「生命的學問」將決定死後生命的結果

儒家將人分為大人、聖人、成人、善人、賢人、君子、士及小人。並明確指出「聖者為神，賢者為鬼」⑰的修身差別。道釋兩家也依人修身與否的等級，區分三清界、四聖道（最高等的覺悟者）；及無色界、色界、欲界、畜生道、惡鬼道、地獄道等不同層次的世界。換言之，修身與否和修身的等級，將決定任何人死後所到的空間。而這個結果，原本又取決於每個人自我的選擇決定。

第四、重視「生命的學問」，俾益社會國家功效極大。

孔子曾說，他一生最高的理想，就是「修己以安百姓」⑱。修己，不但能修成自己；還能利益家庭、社會、國家與天下。因為修身有成的人，精誠感人，所以特別能影響世人。

「中庸」上說「贊天地之化育」，就是說聖人德行足以感動人心，而為萬民楷模，教化天下；而孔子禮運大同篇理想世界的實現；其基點，就起始於重視修身以德的文化實踐。

從以上四點，可以了解，何以中華文化會以「生命的學問」，做為一切的學問核心，以天人合一的德性生命做為一切的慧命。

曾有學生問程伊川說：

「請問學習作文章，有害於道德嗎？」

程伊川答：

「有害。書上不是說『玩物喪志』，學作文章也就是玩物。古代學者，惟涵養性情，其他都不學；今天寫文章的人，專研奇章巧句，討好人耳目；既然其目的在取悅於他人，那和唱歌跳舞的演藝人員，又有何不同？」

學生問：

「古代學者難道都不學作文嗎？」

伊川說：

「每個人看見古代經典，就以爲聖人也學作文章；不知道聖人之文章，是發自胸中的義理。所謂『有德者必有言』，其言乃本性天理，自然圓成。」

學生再問：

「那子夏、子游講的『文學』，難道不是詩詞文章？」

伊川答：

「子游、子夏的『文』是指觀察天文，以明瞭時局演變。『學』是指省察德行，以化成天下，那裡是詞章之學呢！」

這裡把「生命的學問」，實在說的再明白不過了。

註釋

①學者傅偉勳為說明「學問的生命」與「生命的學問」之間的差異，特別以其獨創構想的「生命十大層面與價值取向」模型予以說明，他以為「學問的生命」發展就在身體活動、心理活動、政治社會、歷史文化、知性探索、審美經驗以及人倫道德等世俗世間的生命七大層面，有其學問研究的分別成果及其客觀表現，諸如經濟學、生態學、心理學、政治學、政治社會理論、歷史學、文化學、一般科學、文藝理論、美學、倫理學等是。至於「生命的學問」，則屬生命最高三層（實存主體、終極關懷與終極眞實）的，有關每一萬物之靈超世俗的終極課題探索之事，探索的方式方向與結果效果，自然也會影響生命下面七層的價值取向。生命的高度精神性或宗教性探索所形成的「學問」，在宗教（學）與哲學，尤其儒道佛等東方思想有其顯著的表現。「生命的學問」是規導「學問的生命」發展方向的始點（本源），也是終點（依

歸），但決不能無謂干預能予促進「學問的生命」發展的純學理性探討或研究。倒過來說，「學問的生命」雖然有其自由自在的發展，但決不可能祇停留在「價值中立性」狀態。引自註傅偉勳，學問的生命與生命的學問。（台北：正中書局，民國八十三年五月），自序。

②楊祖漢，宋元學案（台北：時報文化公司，民國七十六年元月十五日），頁一三二。

③同註②，頁一三五。

④論語，雍也篇。原文如下：有顏回者好學，不遷怒，不貳過，不幸短命死矣，今也則亡，未聞好學者也。

⑤論語，學而篇。原文如下：弟子入則孝，出財弟，謹而信，汎愛眾，而親仁，行有餘力，則以學文。

⑥論語，學而篇。原文如下：賢賢易色。事父母能竭其力，事君能致其身。與朋友交，交而有信，雖曰「未學」，吾必謂學矣。

⑦論語，微子篇。

⑧ 同註③，頁一三四。
⑨ 同註③，頁二二〇。
⑩ 黃文範，唾玉集（台北：中央日報出版部，民國七十六年三月，頁一九二。
⑪ 論語，陽貨篇。
⑫ 孟子，盡心上。
⑬ 孟子，盡心上。
⑭ 老子，道德經，復命章第十六。
⑮ 佛家「回家」一詞，主要來自以下的一段公案：

黃龍祖心禪師和詩人黃山谷相交甚密，有一天，山谷問黃龍入道的秘密法門。黃龍回答：「孔子不是曾說過：『二三子以我為隱乎？吾無隱乎爾』嗎？你對這些話有什麼想法？」當山谷正要回答時，黃龍便插嘴說：「不是，不是」。弄得山谷莫名其妙。又有一天，山谷陪黃龍遊山，看到遍地開滿桂花，黃龍便問：「你聞到桂花香嗎？」山谷回答：「是的」。黃龍又說：「你看，我一點也沒有隱瞞你吧！」山谷大悟，深深的作了一個揖說：「你眞是老婆心切。」黃龍笑著說：「我只是希望你回家罷了。」

黃龍希望山谷回的是什麼「家」？這個家就本來面目，就是最親切的自己。所以黃龍暗示他一切都是現成的，要他捨高深而歸於平淡，回到那個他曾迷失了的「家」去。而禪師臨濟則一再的強調聽法的人是「無依道人」，同時又是「諸佛之母」。他不僅是聽者，而且是說者：

「現今目前孤明歷歷地聽法者，此人處處不滯，通徹十方，三界自在，入一切差別境，不能回換，一刹那間透入法界，逢佛說佛，逢祖說祖，逢羅漢說羅漢，逢餓鬼說餓鬼。向一切處，遊履國土，教化衆生，未曾離一念，隨處清淨，光透十方，萬法一如」。他曾說：

「若人求佛，是人失佛；若人求道，是人失道；若人求祖，是人失祖」。

最珍貴之寶，是無依道人，是在你的身中，是你自己。因此向外追求，便會失去了它。同時，正因為它在你身中，你也無須向內尋覓，因為你尋覓的就是自己，而不是有一個能讓你看到的對象。也就是說你的眞我是主體，而不是對象。請參閱吳經熊，禪學的黃金時代（台北：商務印書館，民國七十九年八月，十六版），頁二六二，二〇九，二一〇。

⑯ 在金剛經「離相寂滅分第十四」中，須菩提與釋迦牟尼討論到「實相非相」的問題：「世尊，是實相者，即是非相，是故如來說名實相。世尊，我今得聞如是經典，信解受持，不足為難，若當來世，後五百歲，其有眾生，得聞是經，信解受持，是人則為第一希有。何以故？此人無我相，無人相，無眾生相，無壽者相。所以者何？我相即是非相，人相、眾生相、壽者相，即是非相。何以故？離一切諸相，即名諸佛。佛告須菩提：如是如是，若復有人，得聞是經，不驚、不怖、不畏，當知是人，甚為希有！」

⑰ 我國殷商時期，先民尤信鬼神，無事不占，有疑必卜，甲骨卜辭

所載歷歷。孔子繼承此一思想，曾曰：「鬼神之為德。其盛矣乎。視之而弗見，聽之而弗聞，體物而不可遺。」明白揭示鬼神之盛德。而鄭康成以口鼻之噓吸者為魂，耳目之精明者為魄。程子、張子更以陰陽造化為學說，其意更廣，使天地萬物之屈伸往來皆含在其中。因為陽魂為神，陰魄為鬼。陰陽則魄凝魂聚而生。陰陽判，則魂升為神，魄降為鬼。至於宋儒孔穎達疏云：「言樂之為體，敦重和同，因循聖人之神氣而從於天也。禮之為體，殊別萬物，所宜居，處鬼之所為而順於地也。樂所以率神者，聖人之魂為神，樂者調和其氣，故云率神。禮所以居鬼者，賢人之魂為鬼，禮者裁制形儀，故云居鬼。」引自方俊吉，禮記之天地鬼神觀探究（台北：文史哲出版社，民國七十四年三月），頁七二。

⑱ 論語，憲問十四。

儒家生命的學問——「誠」

人的誠，就是天地的誠，也就是宇宙的誠，唯有保存人性的真誠，才能激發驚天動地的生命力。

「誠」是孔子在《中庸》裡反覆強調的精神特質，它究竟代表了什麼含意？又對我們具有那些啓示呢？

壹　天地萬物以誠為尊

孔子曾在體察天地萬象後發現，不論是天或大地萬物，都是以誠的精神而存在的。基本上，誠代表了一種精純眞摯的生命力；而天的誠，可以從中國的二十四節氣中發現。二十四節氣從中國古代延用至今，已經過三千多年仍然準確，這就是天不欺人的眞誠精神。至於大地萬物的誠，只要觀察家裡栽種的花草樹木，就能發現。如果你種一棵玫瑰，那麼它所開的花一定是玫瑰，絕不可能長出牡丹；再如動物中的狗，牠不會在意主人的貧賤美醜，而始終對主人忠心耿耿，這就是萬物不虛偽、不欺騙的眞誠，不管多久，都不會改變。

天地萬物既然都有誠的特性，而人是天地萬物的一分子，自然也具有同樣的眞誠。這一點，我們從孩子身上，就可以看見赤子的眞誠。孔子認為人來到這個世界的目的只有一個，那就是要善自保存我們自幼本有，而且與天同源的眞誠德性；一旦保存了誠，種種美德自然會源源不絕而來；而保存的方法一是做人，一是為學。

所謂做人，指的是生活與倫理上的實踐，這又稱「生命的學問」，或稱作「活學問」。不論一個人識不識字，都可以從生活實踐上獲得人生哲慧與生命境界。

台北淡水鎮黃再興老先生今年七十歲，他在當地開了一家沒有招牌的小店，一年只做六個月的生意，五十年來，他只做與花生有關的花生糕、貢糖花生軟糖，所以他形容自己的花生是「一味專家」。

他的貢糖、花生糕強調古法製作，採用古配料，而且不加防腐劑及染料；花生糕入口即化，貢糖也是鬆脆可口；而花生軟糖雖軟卻不黏牙、不甜膩，所以能做出口碑與知名度；即使沒有店招，生意依然鼎盛，甚至外銷至菲律賓。

目前也有不少人委託黃老先生做花生糕的素豬公，除了敬神，還可以品嘗美味。黃老先生說，在製作的前一天，他要先知道明日天氣及溫度以決定軟硬度，這樣等拜完後再食用，口感恰好。他說自己一生除了花生外，其他都不在行，所以就全神專注在花生製品上，而打出了品質始終不變的好口碑。黃家貢糖至今已傳了三代，口味逾百年不變，這種追求品質的忠誠，在現代已不多見。①

一個人做糖做出了忠誠的精神，就能聲名載道、遠近馳名；如果能再擴而充之，將其推展到所有的生命，那就已到了精誠至極的地步。

貳　恢宏人性眞善美聖

被譽為人類歷史上最偉大的護士——南丁格爾，一八二〇年出生在英國，家境富裕，自幼就以善於照料小動物及窮苦病人聞名於家鄉；十歲那年，她立志要當一名護士。到了十五歲。在雙親及男友的一致反對下，仍毅然到德國學習護理工作。幾年以後，她返回倫敦，擔任一家婦女醫院的院長，並以愛心的照顧享譽英國。不久，俄國攻打土耳其，爆發了克里米亞戰爭，英、法兩國派兵幫助土耳其，在交戰過程中，成千上萬的軍人受傷、生病卻缺乏照料與醫治，於是英國國防部長敦請南丁格爾前往幫助。

南丁格爾立刻在最短的時間內，率領了四十位護士到達前線；看見鄉村的屋簷和道路兩旁躺著許多受傷的戰士，呻吟哭叫，景象悲慘。南丁格爾及護士們馬上為他們架起帳幕，包紮治療，每天從清晨忙到深夜。她們除了為戰士們治療創傷，還為他們洗衣、燒飯、寫信、講故事。南丁格爾每到深夜，必定冒著風雪提著燈，到各個病房探視傷患。有許多因為創痛而無法入睡的傷者，經常渴望著她手上那盞明燈會在孤寂的黑夜出現；日子久了，他們就稱她為「提燈女郎」。②

有一位傷兵在給家人的信上這樣寫著：

「只要看到她，就覺得舒服。我們躺在醫院裡的傷兵，在她經過我們面前的時候，大家都會親吻她的影子，以表示我們心中對她的欽佩和敬愛。」③

南丁格爾所率領的護士群，在愛心和細心的工作下，發揮了驚人的成果；在國內獲得了英國維多利亞女王及全國百姓的感謝；在法國與土耳其也獲得一致的肯定；而在戰場上則鼓舞了全體官兵，提高士氣打敗了俄國。

戰爭結束幾天後，南丁格爾因被傷兵傳染了熱病，病情嚴重，醫官們診斷後都表示不樂觀；消息傳出後，所有官兵、英國民眾、英國女王及國際人士都一致為她祈禱，後來竟奇蹟似的好轉。不久，又回到病房去為傷兵們服務了。一位柏爾孟地修女為大家介紹了這個時期的南丁格爾：

「在戰爭期間，我們每天都要辛苦地工作很久。大家經常都是疲倦不堪，只有南丁格爾小姐好像從來不累似的。她的聲音永遠都是柔和的，她的微笑總是那麼優美。她使我們大家在一起工作得很起勁。」④

最後，南丁格爾回國時，英國人民準備了盛大的歡迎儀式，報紙也稱她是「最偉大的戰場女英雄」，南丁格爾卻避開了歡迎，回到家裡。但是英國人忘不了她的偉大貢獻，特別捐出一筆錢，要南丁格爾選擇一件最想要的禮物。南丁格爾決定用這筆鉅款，在倫敦設立一所護士學校，並親自籌劃訓練工作。不久，英國和世界各地也陸續設立護士學校，南丁格爾希望所有的病患，都能得到照顧的夢想，終於獲得實現。⑤

南丁格爾以眞誠懇切的精神，不顧家人反對，犧牲婚姻幸福，一生投注在照顧病患的工作上，所以被世人尊稱為世界第一位偉大的護士。她的畫像掛在許多醫院的牆上。直到現在，每一位年輕的護士在接受訓練時，都可以看到南丁格爾美麗的面容在俯視她，鼓勵她。

參　累積學識明理修德

保存眞誠本性的另一個方法是「為學」，又稱「學問的生命」。也就是說，我們可以透過知識學問的累積，來明白自己性體上的誠，進而知道如何保存與恢弘。

東漢時代，以眞誠好學著名於世的戴封，十五歲到京師洛陽進入太學念書；不久，就成為一個學問淵博的名士。

有一年，戴封在回家的路上踫上強盜，將他身上所有財物搶走後，竟然忘了地上還有七匹布。戴封追上前說：「諸位大哥！剛才你們忘了地上還有幾匹布，我想各位一定急需用錢，所以趕忙送過來。」

強盜聽了這話，一時都楞住了，大家目瞪口呆，十分意外戴封竟然會這麼做，連忙放下所有的武器：「我們眞是遇到賢人了！」

說完就把搶來的東西還給他，並決定改邪歸正。顯然戴封眞誠的生命力深刻的影響了他們。⑥

後來，戴封考取進士，到各地為官，政績卓著，官愈做愈大。當他擔任中山相時，各地死囚有四百多人，為了讓他們見自己親人最後一面，特地放他們回家，然後約定同一天回來受刑。這些囚犯感念他的恩德，到了這一天，全部趕回受刑，沒有一個逃跑。皇帝知道了這件事，還特地頒詔書嘉勉。⑦

戴封能因讀書而進一步明理修德，正是實踐儒家為學重在「倫常日用實踐」的理念——透過生活，彰顯完全的德性性命。

然而，一個人如果喪失了本性的眞誠，將會喪失自己磅礡的生命力，取而代之的可能是虛偽與迷失。

據報載，最近台北地區一位國中三年級女生夥同朋友，以自導自演的擄人勒贖案，向自己父母勒索三十萬元，警方在破案之後也不禁搖頭，她的父母親更是傷心欲絕。⑧一個棄絕眞誠本性的人，對天地萬物都不可能再有美善的影響，因為能生出美與善的根源——誠，已經被自己毀滅了。

註釋

① 羅建怡，「他的花生糖，嘗過就難忘」，聯合報，民國八十六年三月二十二日，十六版。

② 于慶城，仁愛故事一百篇（台北：青文出版社，民國七十七年三月，再版），頁一二一。

③ 華鏞，世界偉大故事選（台南：大千出版公司，民國七十七年），頁一〇九。

④ 同註③，頁一一三—一一四。

⑤ 同註③，頁一一六。

⑥ 顏炳耀，仁愛的故事（台北：華園出版公司，民國七十七年六月），頁一一六。

⑦ 同註⑥，頁廿九。

⑧ 姜炫煥，「國中女生自導自演綁架案」，聯合報，民國八十六年三月九日，七版。

孔子的道德理想

一切道德的行爲，都伴隨著內心的滿足，一切罪惡的行爲則伴隨著懊悔。——狄德爾（Denis Diderot）

壹　培養高貴的品德

在三千多年前，孔子對當時的社會風氣，曾感嘆說：

「吾未見好德如好色者也。」①（我沒看見那一個人愛好道德，好像他喜愛美色一樣。）

到了今天，這種現象，更是每下愈況，成了整個社會的通病。

西哲培根(Francis Bacon, 1561-1626)說：②

「品德就像一種高貴的香料，在燃燒和搗碎的時候，會發出一種誘人的香味。」

其實，良好的品德對一個人而言，除了度量恢弘、襟懷灑落外，對其一生立身處世，更有極大的助益與影響。如美國開國元勳富蘭克林，因勤於修身而獲致成功。在富氏所寫的「富蘭克林自傳」裡，特別提到他早年因仰慕道德，曾力行了後世熟知的十三項修身項目，這些德目依序是：節制、緘默、秩序、決心、儉約、勤勉、誠篤、公正、平和、整潔、鎮靜、毋邪淫、謙卑。③

富蘭克林表示，最初他在實行這些德目時，完全是以強迫的方式勉力去做，後來由於堅持奉行的結果，終能漸由習慣養成自然。事實證明他修身之舉極其成功，其光明平和的風範，不僅受到市民的敬重而獲選為議會代表，更在市議會及後來的美國建國過程中，產生極大的影響力量。在「富蘭克林自傳」的最後結論裡，富氏特別向他的後人及青年提出了建議：

「我的後裔應當知道，他的祖先活到七十九歲，一生快樂幸福，完全歸功於那修身計畫蒙上蒼佑助獲得成功。我想我的一生也應該使年輕的後生相信，世上能使窮人致富的，莫過於誠篤和寬厚。」④

富蘭克林慕道修身，終底於成的實例，成功詮釋了孔子「好德如好色」的名言。

至於一個人不思修身之人，古人郝敬曾說：

「拂意則怒，順意則喜，志得則揚，志阻則餒，七情交逞，此心何可安寧？」⑤

許多人常因幾句好話就歡喜，聽幾句壞話就生氣，可說是毫無定力，若長此以往，不重修身內省，自然面目可憎，行為乖張。

林肯在擔任美國總統時，有位好友曾向他推薦一個人，希望能派給他一個重要職務，林肯在接見那人以後，卻一直沒有給予派職，直到好友打電話來詢問原因，他才語重心長的說：

「一個人在過了四十歲以後，如果還令人覺得面目可憎，這個人必須自己負責。」⑥

林肯這席話眞是語含哲理，足以發人深省。

貳　不患無位，患所以立

孔子認為君子「不患無位，患所以立。」⑦（君子擔心的並不是有無好的職位，而是已否具備了勝任職務的良好品德。）宋仁宗時代，當時的名臣范仲淹突然接奉聖旨，被仁宗拜為宰相。范沖淹在聆旨謝恩之後，即命家僕將大門深鎖，三天之內謝絕所有的訪客，使許多范氏的親朋好友前往致賀時，都不得其門而入；後來等范沖淹重新上朝，諸多同僚詢問原因，范仲淹回答說：

「宰相一職攸關國家興亡非同小可，我必須閉門思過，痛加反省，看看自己是否具有擔此大任的才德。」⑧

范氏的高風亮節，正印證了英哲洛克的一句話：

「教育創造有理性的人，讀書創造好的朋友，而反省力則創造一個完人。」

范仲淹因勤於反省而使品德趨於完美，正是他後來能贏得皇帝及同僚敬服的眞正原因；其一生正是「職位來自於道德」的最佳寫照。

在第二次世界大戰之前，義大利很不幸的由梟雄人物——墨索里尼執政，墨氏在志得意滿之際，曾公開說過這樣的幾句話：

「自有史以來，有一個顛撲不破的定律，就是武力決定一切。」

⑨毫無疑問的，這個逞一時之強的義大利魔頭活了一輩子，仍對人類的歷史懵懂，也對人類的道德精神無知，所以他的瞬遭覆滅也就無足為奇了。不幸的是，數以百萬的義大利人民，也為墨氏的窮兵黷武，付出了家破人亡、流離失所的慘痛代價。

參　人能弘道、非道弘人

孔子以為，處處提倡道德，並不能使道德昌揚；祇有具備道德的人，才足以感服人心，弘道揚德，故云：「人能弘道，非道弘人。」

⑩民國初年，熱河省朝陽縣有一位被尊為「聖者」的王鳳儀老先生，王老先生雖讀書不多，但天性惇厚孝悌。最難得的是，他聽到或看到任何好的道德或善行，都會去身體力行；時間一久，竟然化性成道，影響了許多人追隨他虔修聖學，他有句名言說：

「道是人人固有的，誰行誰有道，誰做誰有德。」、「知道是理，行過來才是道。」[11]

這種深刻的行道體驗，使王老先生成為我國近代令人敬仰的聖賢人，由弟子為其筆錄的「修道指南」一書，至今仍流傳不息，惠人無數。這就是人能弘道、非道弘人的鮮明證例。

西方有句話說：

「愈低等的動物，就愈有自由。」

人類既為萬物之靈，實在應該懂得節制。立德弘道才是我們安身立命的聖地仙鄉。吾人以為道德有如人有一雙健全的雙腳，能昂然挺立於天地之間。不思修德，乃至敗德害道之流，就像雙腳俱有殘障，路終究走不了多遠。

註釋

①論語，子罕篇。

②李季準，知性時間，中廣調頻網，民國七十六年六月廿五日。

③莊朝根，富蘭克林（台南：世一書局，民國七十九年，再版），頁一六七。

④同註③，頁一七〇。

⑤劉學隆，修身語錄（台北：國學出版社，民國六十年四月），頁三。

⑥周增祥，大人物的小故事（台北：道聲出版社，民國七十七年四月，四版），頁四二。

⑦論語，里仁篇。

⑧方良，人生的錦囊（台北：林白出版社，民國六十五年三月十日，二版），頁一四七。

⑨同註⑧，頁二〇九。

⑩ 論語，衛靈公篇。

⑪ 鄭子宜，人生圓滿的途徑（台中：天眞與記出版社，民國七十六年四月，四版），頁六五。

孟子的四種生命力

人都必須努力去改善自己，修養自己，而且非達到此目的不可——康德（Immanuel. Kant）

壹　父母是子女的肖像

孟子認為惻隱、羞惡、辭讓、是非這四心就像人的四肢一樣，是與生俱來的；如果能加以推廣和充實，善端就會愈來愈旺盛。

民國八十六年四月白曉燕遭勒贖撕票案，不知痛徹了多少父母的肝腸，而歹徒對這位稚齡少女死前的殘酷凌虐，更令全國上下痛恨至極，為什麼有人會兇狠殘酷到這種地步？究竟孰令致之？說來說去最主要的責任，就在這些為人父母者的身上；而重點在於他們沒有善於護持子女內心的四種生命力。

孟子在「公孫丑上篇」說到這四種生命力：

「無惻隱之心，非人也；無羞惡之心，非人也；無辭讓之心，非人也；無是非之心，非人也。惻隱之心，仁之端也；羞惡之心，義之端也；辭讓之心，禮之端也；是非之心，智之端也。」①其中惻隱之心能有仁；羞惡之心能有義；辭讓之心能有禮；是非之心能有智。

幾年前，台東一處海灘擱淺了一隻落難的大鯨魚，依照文明國家的作法，是立刻通知相關單位把鯨魚儘速送回大海；諷刺的是，當地許多居民竟然扶老攜幼，人手一刀，在二個小時之內，立刻將鯨魚宰殺而分食之，美其名曰「生吃活魚片」。試想，當父母親帶領著子女肆無忌憚的違法殺害一隻活生生的保育類動物時，不也正同時在毀滅自己子女的惻隱與是非之心嗎？這種摧殘生命的行為只要一而再再而三的重演；不需要多久，小孩子仁愛、明智的能力就所剩無幾了！

不久前，筆者帶兩個孩子到一家速食店用餐，這家店裡設計了一間遊戲間，專門提供給幼兒遊戲使用，並在門口很醒目的張貼著一百一十公分以上身高不得入內的圖示。小女兒正讀幼稚園大班，很想進去玩，但是身高超過了十公分，我就不准她進去，但是她卻指著裡面幾個比她還高許多的大朋友說：

「他們比我還高，為什麼他們可以玩？」

我婉言地說：「他們不守規矩，不是乖寶寶，我們不要學他們好不好？」

小女兒立刻乖巧地點頭同意，雖然令我有些許欣慰；但是對那些違規入內遊戲的孩子，卻有許多深沉的悲憫，也為他們那些糊塗的父母深感憂心。也許這些父母會認為，只是玩一下應該沒什麼大不了，何必那麼認眞呢？可是如果父母肯多想想，放縱孩子不遵守規矩的結果，就是在毀滅他們的羞惡、辭讓之心，一旦摧殘殆盡，這個社會就少了一份光明的生命力，多出了危害大眾的惡勢力，豈可不愼呢？

最近中和市永和路一家超商，就發生了一件令社會同表嘆息的孩童犯罪事件。一對分別為九歲、十歲的小兄弟，佯稱要買東西請店員帶他們去找，然後由弟弟跑去收銀機偷錢，被業者當場逮獲，扭送法辦。

根據他們就讀的國小指出，這對目前為五年級、三年級的兄弟是該校長期輔導訓誡的問題兒童；兩人經常利用各班不在教室的時間，習慣性的溜進教室偷竊學生的錢財，有時候連老師的皮包也不放過。日前弟弟在學校廁所內，喝令一名低年級的學童不准動，然後動手搜光身上的零用錢。由於兩兄弟不斷犯過，他們的父親也成了學校的常客。但是他們的母親不管事；父親以開計程車為業，不但無暇專心管教，還會為孩子護短。

這兩兄弟結果被送到中和派出所，在警局內依然嬉笑自若不當一回事，弟弟還表示遭到別人陷害。這麼小的孩子心靈就已污穢至此，連警方都搖頭不已，只有依竊盜罪嫌移送少年法庭審理。②

不久前，有一位讀者在報紙上投書，他在台北捷運試乘期間到捷運站候車，身旁來了兩個小朋友，小的吃力地唸著欄杆上的警語—禁止攀爬；較大的孩子不甘示弱地接著唸出清晰的英語「Do not climb」，並且得到母親的讚揚，讀者也深感佩服；然而再回頭一看，那兩個孩子竟然已爬在欄杆上嬉戲，而一旁的母親卻視若無睹。③在毫無警覺之間，她允許了孩子在明知違規下卻侵犯政府的規定，污損了大眾的公物，當然也讓他們的是非之心斲喪於無形。③

另有一位讀者表示，他帶孩子到高雄市立美術館參加繪畫活動，有一玩具廠商到場舉辦有獎徵答；小朋友於是擠在活動舞台前躍躍欲試，在一問一答之間，許多家長急著催促自己的小孩趕快舉手回答問題，現場秩序因為大人和小孩的拿禮心切而亂成一團。最後，主持人為了使小朋友統統有獎，要求沒拿到禮物的小朋友舉手；這時候，有些小朋友手中的禮物，立刻被家長迅速搶過去，藏在自己身後；然後推著小朋友說：「去去去！再去舉手拿禮物。」④

看到這樣的場面，眞是令人為之鼻酸；僅僅為了一份小禮物，父母親竟鼓勵自己的孩子公然以不誠實的行為欺騙別人，這種代價未免也太高了！如果這些家長能再多想一想，鼓勵子女具備欺騙的本領，在技精藝熟之後，他們難道不會用來欺騙父母？他們難道不會用來對付社會？

貳　培養四端重拾良善之心

今天，國家社會之所以治安每下愈況，原因固然很多，但是檢討眞正的主因，就是家長從小讓我們孩子的心靈受到太多污染，以致善惡不分，是非不明。而孟子認為「人之有是四端也，猶其有四體也；有是四端而自謂不能者，自賊者也；謂其君不能者，賊其君者也。凡有四端於我者，知皆擴而充之矣，若火之始然，泉之始達。苟能充之，足以保四海；苟不充之，不足以事父母。」⑤（惻隱、羞惡、辭讓、是非這四心，就像人的四肢一樣，是與生俱來的；而有了這四個善端，卻說自己不能行善，就是甘心自棄，戕害自己本性的人。如果能把它們加以推廣和充實，那麼善端就會越來越旺盛，足以安定國家天下。如果不擴充它，即使是父母也不能事奉。）

根據報載，九七年四月份嘉義朴子有位三歲的陳禹函小弟弟和九歲的姐姐陳璧榕，共同損出二十萬元壓歲錢，請嘉義家扶中心幫他們認養了一個罹患蠶豆症的五歲小女孩楊雨薇。陳禹函不但成為台灣最小的認養人，也創下「娃娃認養娃娃」的例子。

陳禹函的父親陳聰穎平日行醫，門診時對家境貧困的病患或智障孩子一直都免收醫藥費，夫妻倆並認為取之於社會應用之於社會，於九五年加入嘉義家扶中心永久認養人的行列。後來他們又將助人的善舉，落實在家庭教育中，教導兩個孩子善用壓歲錢捐給慈善機構。正巧家扶中心在為楊雨薇小妹妹找認養人——楊雨薇與姐姐為非婚生孩子，遭生父遺棄，母親患有血友病、心臟病，家境困窘，從此陳家姐弟的愛心，就能源源不斷地輸進楊雨薇家中。⑥

這段佳話，不但讓人間社會洋溢著更多的溫馨；最重要的是，陳氏夫婦的愛心教育，將有助於培育這一對樂於助人的小姐弟，有著如「通天大樹」的惻隱之心，能恆久散發著無盡的溫暖與愛。

孟子的四心之中，仔細說來，應以惻隱之心最為重要；因為一旦有了仁愛之心，則是非、羞惡、辭讓之心，就能不請自來。而能以仁愛應世的人，不但能獲得大眾的尊崇，更能有無限的福報。

《六祖壇經》上說：「一切福田，都離不開心地。」

《忠心經》上說：「心是人外在現象的總源頭。有了惡念就會遭受苦報；有了善念，就會遭受樂報。」

佛家以為，起了善念就好比在心地上播下好花的種子，動了惡念好比在心地上種毒樹；因為大家在過去都起了許許多多的善惡之念，所以今生有苦樂、吉凶、禍福的現象。而心常懷善念的人最有智慧；因為善念會產生仁慈的行為，由施捨而創造愉快的影響力，由良性的影響又產生吉祥和福氣。而惡念會產生破壞性行為，使人感到憎恨與不悅，這種影響力將會導致憂苦和凶禍，所以孟子也說：「夫仁，天之尊爵也，人之安宅也；莫之禦而不仁，是不智也」（仁是上天給人類最尊貴的爵位，是人類最平安的住宅；假使沒有人阻止你做仁人，你卻自己不肯去做，就是不智了。）⑦

今天，做父母親的人，惟恐孩子不能仁，不能多享福報，奈何許多父母卻不斷在扼殺子女的四種生命力呢？不亦痛哉！

註釋

①孟子，公孫丑上。

②李玉梅，「小兄弟劫超商，被逮嬉笑如常」，聯合報，民國八十六年四月廿五日，廿二版。

③陳舒婷，「讀者論壇」，聯合報，民國八十六年四月廿八日，十一版。

④施汶秉，同註③。

⑤孟子，公孫丑上。

⑥葉長庚，「娃娃認養娃娃」，聯合報，民國八十六年四月廿四日，五版。

⑦孟子，公孫丑上。

孟子愛人的美學

你可以對抗任何東西，但善是不可抵禦的。——盧梭

有一次，一位來自齊國叫浩生不害的人向孟子求教：

「夫子！我聽說樂正子此人甚獲好評，依您看，他到底是什麼樣的人呢？」

孟子說：「是個善人，又是個信人。」

浩生不害說：「甚麼叫做善？甚麼叫做信呢？」

孟子說：

「人人都覺得他令人敬愛而不厭惡，就叫做善；而因善來自於內心而充滿自信，就叫做信；擴充善行而至於完備，就叫做美；既充實完滿而又能發揚光大，就叫做大；善行不但大而又能擴及到所有的生命，就叫做聖；達到聖之圓善後別人已無從測知，這就叫做神了。樂

正子恰在善和信二等的中間；美、大、聖、神四等之下。」（原文：可欲之謂善，有諸己之謂信，充實之謂美，充實而有光輝之謂大，大而化之之謂聖，聖而不可知之之謂神。樂正子，二之中，四之下也。）①

孟子在以上答覆裡，清楚界定了「愛」（善行）就是「美」的理念；並且依「愛」的不同精神境界，區分為美、大、聖、神四個層次。有趣的是，許多有過深刻生命體驗的人，不論東方、西方都能認同孟子這個觀念。例如有很多人就說，大畫家達文西名畫中的蒙娜麗莎很美，因為在她微笑的臉上，可以看到懷孕母親所洋溢的愛。也有人說，世界上絕大多數的父母親都是子女眼中最美的人，因為在她（他）們身上，始終充滿對孩子無盡的愛。

不論如何，許多人相信，「愛」是最能使人感受出「美」的一種生命力。差異的是，父母親之愛所綻放的美，僅能及於子女，畢竟屬於「小眾」獨賞的「小美」。若是能將愛心發揚光大而及於大眾，就是孟子所說的「大美」了。

筆者經常在中午收聽警廣的「感謝您」節目，這個節目是要讓許多曾經接受陌生人幫助，卻很想表達謝意的聽眾製播的。其中有一則實例，特別令筆者印象深刻。

有一位住在台北市南港區的聽眾，他打電話到節目中，表示要替他姐姐感謝一位善心人士。他說多年前，他姐姐拿了四萬多塊錢去南港土地銀行繳納房屋貸款；不料還沒走到銀行就發現存摺和錢都遺失了。當時立刻急急忙忙回頭沿路搜尋，一直找回家裡還是沒看見；正在心急如焚的時候，一位南港土銀的女職員打電話來說有人檢到她的失物，請她馬上到銀行去。一到銀行櫃台，那位女職員就把一本存摺交給她說：「剛才有一位先生說他檢到你的房屋貸款和存摺，已經幫妳把錢代繳了，妳檢查一下帳面看看數目對不對？」

他姐姐立刻打開存摺簿，看到房屋貸款四萬多塊一點不少的打在當月房貸繳款欄上，剎那間眼眶裡的淚水，不停的流了下來，她的內心無比的感動，卻又無法當面謝謝這位素昧平生的善心人士。回家之後，特別跟家人說：

「沒想到有人做好事，可以做到這麼絕；不但幫我檢到錢，而且連錢也幫我繳了。」

這件事雖然經過了很多年，但是感激之情，始終深藏於心，為了略抒謝忱，祇有藉「感謝您」節目在空中表達謝意，希望這位有愛心的陌生人能聽得到。②

一個社會如果還具有生命力，就是因為在社會各個角落裡，仍有許多像這種具有「大愛」的人，願意把自己的關懷散播給別人；這種人走到那裡，那裡就有「光明」，就有「善行」；有愛的人愈多，社會就愈能展現「生命之美」，而且不分古今中外。

美國第十六任總統林肯在年輕時，和幾個當律師的同事在故鄉春田附近騎馬。經過樹林時，看見有一隻雛鳥掉在地上，因此他就離開了伙伴們，留下來找鳥窩。找了半天才找到，就把雛鳥放回窩裡去，繼續趕上他的伙伴，後來他對同伴們說：

「雖然鳥窩很不容易找，可是我一定得找到，假使不能讓可憐的雛鳥回到母鳥懷裡，我會一晚都睡不好。」

林肯廿一歲那年到紐奧良去，看到許多黑奴被鐵鍊鎖著，站在木欄裡，像貨物一樣公開拍賣。林肯看了非常難過；當時他立誓，如果有機會，他一定要大力攻擊這奴隸制度。最後，當他當選美國總統後，終於在重重艱難險阻之下，實現了自己所立的誓言，他在美國歷史上被尊稱為「偉大的黑奴解放者」；同時他也成為美國民眾歷來最尊崇的總統。③

當年正因為林肯「大愛」激發，才能使美國社會追求平等自由而象徵「大美」的「生命力」，超越了種族奴役的「惡勢力」。而且一直到今天，林肯「本良知」、崇法愛人的不朽精神，至今仍然是美國能處處展現法治與正義之美的源泉活力。

然而，在「大愛」之上，還有「聖愛」一境。其愛心不但大，而且還能擴及到所有的生命。在台灣地區，就有無數的個人或團體可作為代表，最有名的，當屬花蓮的慈濟功德會。

民國五十五年，慈濟功德會在創辦人證嚴法師「無緣大慈、同體大悲」的精神感召與躬親踐履下，從三十名會員每人每天決定捐出五毛錢起，像一塊「愛心磁鐵」，三十年中吸引了兩百多萬慈濟功德會員及全球各處的百萬慈濟信眾，創造了滔滔濁世中的愛心傳奇。不論在恤貧、教富、賑災、救難、醫療、教育、文化等領域，都完成了無數感人至深的功德；而實際嘉惠過的民眾超過兩百萬人次以上，至少有十五個國家受到過慈濟的協助。特別是在民國八十年，中國大陸華東發生百年罕見的大洪水時，發起賑災活動；在短短半年內籌募到四億餘台幣的救災基金，由功德會派人趕赴當地親手將善款、物資送達災民手中，濟助了三省四縣的六萬餘災民；不但提昇了慈濟走向國際救助的正面形象，而且使台灣民眾的愛心，在中國大陸建立了膾炙人口的聲譽。

在慈濟進入三十年之際，功德會精神領袖證嚴法師發願：「未來的路，我要走的比以往更快」，而且將「生生世世帶著大家走菩薩道，無窮無盡」。對於矢志以清淨愛心灌溉一方福田的慈濟人而言，這是再一次的策勉；對於認同慈濟精神千千萬萬的民眾而言，這不啻是慈濟再次展開愛心行動的宣告，預示了台灣經驗中最動人的一頁。④

在國外，具有關懷一切生命的代表人物也有南丁格爾、德雷莎修女、史懷哲等人；特別是史懷哲，在中非洲建立蘭巴頓醫院，為當地土著奉獻五十年之後，他滿懷感謝的說：

「我有無上的幸福，因爲我能爲愛而奉獻；爲了這樣的幸福，我必盡全力來報答。」

因為愛人而滿心感謝，並發願以終生奉獻作為報答，這眞是充滿光明與聖潔的世紀之愛與世紀之美的感人宣言。

細索人類之愛所能達到的最極致之美，依孟子所說，已經超越了常人所能知解的領域；這正如老子「道德經」云「道可道，非常道；名可名，非常名」⑤釋迦牟尼「金剛經」所說：「菩薩應離一切相，發阿耨多羅三藐三菩提心，不應住色生心，不應住聲香觸法生心，應生無所住心，若心有住，即為非住，是故佛說菩薩心，不應住色布施。」⑥耶穌亦云：「你施捨的時候，不要叫左手知道右手所作的」⑦這種愛的境界，已超越一切名相與人類思維，卻被佛陀讚頌能得無量無邊功德，而自隨有「不可知」的極致之美。

大文豪托爾斯泰說：

「良心是存在於我們內在靈性根源之自覺。」⑧

祇要我們肯讓「良心」活起來，就會發現我們舉手投足之間都能充滿「愛」，而且這種「愛」的確能讓我們「愈愛愈美麗」。

註釋

① 孟子，盡心下。

② 警察廣播電台，「謝謝您」節目，陳立輝小姐主持，民國八十五年二月七日。

③ 周增祥，大人物的小故事（台北：道聲出版社，民國七十七年四月，四版），頁四一——四二。

④ 社論，「慈濟精神的履踐與台灣社會的救贖」，聯合報，民國八十五年五月十日。

⑤ 老子，道德經，第一章。

⑥ 釋迦牟尼，金剛經，離相寂滅分第十四。

⑦ 耶穌，新約聖經，馬太福音，第六章，第三節。

⑧ 托爾斯泰，梁祥美譯，托爾斯泰三六六日金言（十——十二月）（台北：志文出版社，民國七十八年七月），頁六二。

有子的人生哲慧

儒家思想一向重視在生活之中領會人生的哲慧；一旦積少成多，就能成爲「從心所欲不踰矩」的生活藝術家。

孔子的大弟子——有子，有一次向學生們說了三個人生哲理，第一、任何一件信約，惟有合於義理，才能去實踐。第二、對別人的恭敬，必須合於禮俗，才能免受恥辱。第三、一個人肯親近衆人都景仰的人，那麼這個人也是值得大家敬仰的。（信近於義，言可復也；恭近於禮，遠恥辱也；因不失其親，亦可宗也。①）

這三個哲理單從字義解釋上來看，可能較難理解它的眞正含意，如果透過以下的幾個故事，大家就能有更深一層的體會。

壹　盡性知天，不役於物

有個書生，他家隔壁住了一位大富翁。書生見富翁每日飲宴作樂，自己卻常三餐不繼，心裡非常羨慕。有一天，他衣冠整齊地拜訪富翁，請教致富之道。

富翁告訴書生說：「致富可眞不容易啊！你先回去，齋戒三日後再來，我才告訴你。」

書生如約地齋戒三日後，再度拜訪富翁，並準備了拜師之禮，向富翁叩首，富翁說：「人若想致富，當先去五賊，五賊不除，不能致富。」

書生請問是那五賊。富翁說：「五賊就是今日所說的仁、義、禮、智、信。」書生聽了之後，立刻苦笑而回。②

仁、義、禮、智、信乃是人類至美的心靈中，自然而生的生命力，是無價的生命財富；人若為了追求物質的富裕，而必須滅絕自己良知本性，這將使人喪失人生的價值意義，成為物慾的奴隸；這對於今天的台灣，極具有針砭的意義。

學者蕭新煌教授民國八十一年在「台灣民間文化的發展」一文中，曾指出台灣當前的暴發户心態與符咒心理的文化特性。「暴發户心態大致包括了三項特徵：㈠感官性的滿足。㈡『誇富宴式』行為（Potlatch like behavior）的誇張與浪費。㈢一窩蜂式流行。③

符咒心理的特徵，在於投機取巧與不勞而獲。投機取巧雖然不一定光明磊落，但是仍然要花一點時間去計算投機的回報情況。可是不勞而獲的心態則是連自己的勞力、心智與時間都不肯付出，只想依賴超自然的神秘力量，或是等待運氣，輕鬆、快速地得到利益，這就是為什麼「宋七力」信仰形態的騙術，會在台灣大行其道。

台灣民眾投機取巧、不勞而獲的心態逐漸蔓延，其影響已到了非常廣闊的地步，如工商界的各種投機冒險行為、股票市場的狂飆起落、特權階級的豪奪巧取等等。可是這種不勞而獲、快速收穫、快速滿足的心態，也同時影響到社會的各層；其中最嚴重的現象，莫過於對一般社會大眾，以及青少年人養成了花時間、不花腦筋的習慣。下層社會和社會邊緣性人物，則導致他們沈溺於毒品禁藥的幻境裡。

台灣這種文化病症，像極了立志除去仁、義、禮、智、信的富翁，雖然有了財富，卻失去了人生的眞正意義與心靈深處的生命力。古人說：

「人是天地的代表，要能以天地爲心，就和天地相通；如果被物慾所蔽，就與天地不通了。人迷在什麼上受什麼害，能脫出來才算有道。」④

要能以天地為心，就是孟子所說的「盡性知天」。⑤盡一分性，就知一分天，就長一分天理，就除一分人慾；盡性盡到極點，就能和天一體，當下就是光明的極樂世界，當下就有圓滿喜樂的境界。所以立志要修道成道之人，必須唾棄富翁以仁、義、禮、智、信為五賊的邪說謬見。

貳　通情達禮，不招非議

明朝時，蘇州有個大富翁叫歸廉泉，人雖有錢，卻很小器。有一天親家翁從城外來訪，到了吃飯時間，大富翁一再暗示時候不早了，親家翁卻無意告辭；大富翁不得已，只好拿了五個銅板要僕人去燒臘店買點肉片；等肉買回來，又發現沒有肉醬，歸某又拿了一個銅板要僕人買醬。等醬買回來，大富翁藉故說醬不好，要僕人去退錢。等僕人退了錢向他覆命的時候，大富翁要僕人把剛才退醬的碟子取來，然後對親家翁說：「這碟子上還有些醬，夠沾肉了，咱們這就開飯吧！」⑥

大富翁違反了厚以待客的民風禮俗，自然不免受人恥笑。

在明朝同一時代，桐城有位方某，更是以生性吝嗇聞名。有一回，他哥哥傍晚從鄉下趕進城來到他家。方某為了想省一頓晚飯，要家僕對他哥哥說自己出遠門了，便匆匆藏匿在後院裡；哥哥無奈，只好餓著肚子準備就寢。這時，躲在後院的方某忽然看見黃鼠狼鑽進來咬雞，情急之下出聲吆喝驅趕；哥哥聽到了，就在屋裡呼喚：「原來弟弟在家啊！」方某一聽，馬上改裝女性尖細嗓音說：「不是我，是你家弟婦。」⑦

方某以為，如果弟婦在家，就可以不給哥哥準備晚飯，這種大違情理的舉動，難怪會成為千古的笑柄。

清末大善人王鳳儀說：

「倫常中人，互敬互愛，各盡其道，全屬自動，誰行誰有道，誰做誰有德。可惜許多人沒把做人行道當回事，從小當孫子，當兒子，長大當爹，當爺爺，一輩子連一個人也不會當，連一條道也沒行，鬧個空來白走！人道是從這裡丟的，世界也是從這裡壞的。」⑧

人在倫常裡，惟有相敬相愛，才能有道，才能成德，也才不枉費我們來到人世間「明明德」的人生使命。

參 見賢思齊，為時未晚

新竹湖口有位六十二歲周德全先生，原本是一個脾氣火爆，每天香煙、檳榔不斷，而且習慣口吐三字經的市井粗人。民國八十三年十月，在鄰居的邀請下，到花蓮慈濟功德會參訪；回來之後，在家人鼓勵下加入慈誠隊，沒想到慈誠隊有十項戒條，其中不抽煙、不吃檳榔、不瞋恚三項戒律，讓他發現這是自己有生以來最艱難的考驗。

因為加入了慈濟團體後，他開始發現自己抽煙、吃檳榔與同修相比，實在有點與眾不同；後來又得知它們的害處，便決心戒掉。至於個性火爆，喜好超車、超速、好罵三字經的惡習，也讓他發現會產生許多是非爭端；而態度、聲音柔和才能去災解厄，與他人相處才能祥和喜樂。有一次，他開車和家人回南部，一路上不超車、不超速，也不講三字經，令太太與家人大感驚訝，他指著後車門說：

「有沒有看到貼著的那張慈濟標誌？我現在是慈濟人，一切都要守紀律。」⑨

周先生深刻的體驗到，人世間其實一切唯心造，因為自己心念改變了，即使從前看不順眼的事，如今也都能歡喜包容，不與人計較。他對於能加入慈濟，改變了自己，滿心感激，萬分的惜福，他表示：

「今年，我已經六十二歲了，雖然遲至去年才加入慈濟，但今後的我，將會以一當十，力行慈濟菩薩道。」⑩

人一旦肯親近、效法有德之人，久而久之自然能正確辨別人生方向，朝著光明的道路邁進。而令人稱道的是，周德全先生以六十二高齡接觸慈善團體後，卻能即知即行，勇於改變不良習氣，成為一個處處樂於散發大愛的歡喜菩薩，眞是值得大家效法，也是我們整個社會的福氣。而從周德全先生喜歡親近廣受稱道的慈善團體，因而脫胎換骨的例子來看；我們就不難明白，為什麼有子會認為像這樣的人，也深值的大家敬仰的原因了。

註釋

① 論語，學而篇。

② 般登國，古典奇譚（台北：世界文物供應社，民國七十四年七月），頁二七一。

③ 李亦園，文化發展的人類學探討（台北：允晨文化公司，民國八十一年一月），頁一二〇。

④ 這段話是民初大善人王鳳儀所說，他以為：「道生天地，天地生人，人得天地的靈，是天地的代表。天不說話；人能說話；地不能改，人能創造。我說天地就是我，也就是道。萬物都是我的，也不是我的。人和天地一般大，要能以天地為心，就和天地是一體，才能和天地相通，所謂「善必先知之，不善必先知之。」人被物慾所蔽，才和天地不通，所以禍來了不知道，德來了嚇一跳。一是天的道，誠是天的心，盡一分性，就知一分天；誠一分意，就知一分心，就長一分天理，就除一分人

慾；盡性盡到極點，就和天是一體啦！人能得著道，就算和天「接碴」接靈了，知進知退，沒掛沒礙，才能「無入而不自得」與天地同體。人本來和天地是一體，有不明白的事，只要向天去求，沒有得不到的。有不如意的事，或是含冤莫伸，只要向天說出，也自然了卻啦。」請參閱鄭子宜，人生圓滿的途徑（台中：天眞佛堂印經會，民國七十六年四月，四版），頁十一。

⑤ 孟子，盡心上。

⑥ 同註②，頁一六〇。

⑦ 同註②，頁一三九。

⑧ 同註④，頁廿四。

⑨ 陳淑伶，「甦醒」，慈濟月刊，第三三八期，民國八十四年元月廿五日頁，頁五三。

⑩ 同註⑨，頁五四。

中國的知足哲學

人生最苦惱之事，莫過於忽略了自己所處環境及主客觀條件，頻生妄念，物慾纏身，讓自己成了慾望的牛馬。

看過莎士比亞「馬克白」一劇的人，都知道劇中主角馬克白是一個不斷受慾望驅使的悲劇性人物。馬氏原為一忠貞謀國的武將，但其妻始終都有當王后的野心，不斷教唆的結果，馬氏終於屈服在盲目慾望之下，暗殺了國王而自登王位，可是兩人最後卻在各方聲討下，落得悲慘下場。

這樣的故事，其實經常也在我們的社會一再重演。根據報載，多年前某家證券公司職員每人可領到一百個月的年終獎金，這個消息一經披露，不知讓多少人對自己的工作灰心喪志，甚至放棄了多年努力的工作。這種是一種「吃在碗裡，看在鍋裡」的盲目貪求，正是孔子所說的「放於利而行，多怨」①（一意追求私利，必招來許多怨恨）。這種怨恨，不僅可能是對他人的忌恨，也可能是自我的埋怨，難怪老子會告誡我們「禍莫大於不知足，咎莫大於欲得」②，其內蘊的深意，很值得深思。

壹　富貴何價？

有一首流行的歌詞這樣說：

「你不要羨慕那有錢的人，有錢的煩惱你一定聽聞，也不要追求那虛榮名聲，爬得愈高就跌得愈深。」

富貴不一定快樂？這可能是許多熱衷追求此道的人無法了解的，概略說來，一心希求富貴的苦處有三：

一、「甚愛必大費，多藏必厚亡」③（愛一樣東西愈多，要獲得它所花費的代價也必然鉅大；家中珍藏無數錢財，一旦失去，丟掉的可能不僅是錢財而已）。

多年以前，北投曾發生一件蕭姓商人的命案；破案以後，發現此人平日手戴鑽戒，出手闊氣，一擲千金，面無惜色，終於引起同住好友兼司機的覬覦，夥同歹徒謀殺了蕭員；類似這種炫耀財富而連財帶命一起遭人設計、殺害的實例，在媒體上可說是俯拾皆是。

二、慾望是填不滿的無底坑

臺灣地區過去曾發生過一件轟動社會的「十信弊案」，受害人數與受害階層既深且廣，涉案人前蔡姓立委（已因肝疾病故），眾人皆知其權勢顯赫，富甲一方，但是卻仍不知足；以大量的人頭戶冒貸，獲取非法暴利，最後卻落得身敗名裂的下場。

另外有一個人，有一天在街角看見一個孩子在路旁嚎啕大哭，他就問這孩子，為什麼這麼傷心呢？那孩子說因為剛才丟掉了一個銅板。那個人看他哭得傷心，就掏出了一個銅板給他。

過了一會，那人回來經過街角，又看見那個孩子還在原地哭，而且哭得更傷心，那人心中大惑不解，於是又問：

「剛才不是已經給你一塊錢了，為什麼還要哭呢？」

「因為假如我不丟掉先前那一塊，現在我就有兩塊錢了。」

這個貪心的孩子，非常像一般現實社會的人。總是覺得自己還應該有更多的東西，在不能滿足慾望的心情下，心裡總覺得不快樂！④

三、富貴難長久

在漢武帝時代，鄭當和汲黯是當時位列九卿的名臣，權傾一時，望重朝廷，前去攀附結交的達人顯貴車水馬龍絡繹不絕，後來兩人不幸因罪革職，昔日風光立刻落得門前冷清無人聞問，令人慨嘆不已；不久他們先後恢復了官職，從前的朋友又想去拜訪，只見大門上貼了張條子：

「一死一生，乃知交情；一貧一富，乃知交態；一貴一賤，交情乃見！」⑤

世態炎涼，久來為人浩嘆，而富貴圈中，更是只有利害之交，極少道義情誼。自古到今多少事例證明，缺乏道德的富貴家庭，其敗落之快，瞬如浮雲晨露，古云：

「富貴名譽，自道德來者，如山林中花，自能興盛繁衍；從功業來者，如盆中之花，定有遷變興廢；以權術得者，如瓶中之花，枯萎可待矣。」⑥

權術之財如瓶中之花，這比喻實在恰當；不義謀來之財，那有可能長久，妄求富貴，可以休矣！

貳　知足乃富

以「青鳥」一劇頗負盛名的比利時詩人梅德萊，他的作品中常呈現哲理，他說一種藍背的小鳥非常美麗；有一個小孩終日渴望得到這種鳥，他跑遍了許多森林原野，也沒發現，終於垂頭喪氣的跑回家去。回家之後，他想看一看他所飼養的一隻鳥，最使他吃驚的是，原來他所飼養的那一隻鳥，就是藍色的背脊。

這個故事提醒了「道在近而求諸遠」是我們常人最容易犯的通病。人們常習慣於向外追求，卻忽略了我們內在心靈無所缺乏的本質。另一個近似的案例，是希臘神話中的故事，話說有一個王，名叫米狄亞，很受酒神比奇斯的寵愛；比奇斯應許米狄亞，無論要求什麼，都可以使他如願以償。於是米狄亞要求點金術，不論什麼只須經他手指一觸，立即變作黃金。比奇斯就答應了他，把這種法術賜給米狄亞。結果米狄亞手之所觸，盡成黃金，最使他難堪的就是從此不能享受一頓美餐，因為那些盛饌佳品經他撫摸，頓時化為金塊。米狄亞雖然堆金如山，卻有被活活餓死的危險。於是，趕快再求比奇斯，還他本來的面目。⑦

在這個物質主義掛帥的時代，與米狄亞有相同欲望的人比比皆是。但是鼹鼠飲河，不過滿囊；鷦鷯巢林，不過一枝。但是人貪得無常的欲望，卻常常使自己喪失了眞正的心靈財富和良好的德性。老子有句話說：

「知人者智，自知者明，自勝者強，知足者富。」⑧

惟自知才能知足，由知足而能生「富」。知足所以能「富」，在於內心始終滿足；這與一個人外在是否富裕顯貴無關。而且知足者必然淡泊；淡泊於富貴，則富貴不足以動其心；淡泊於名利，則名利不足以動其心；隨處可行，隨遇而安，即使身處富貴，財富與權力反而是立德濟世、施賑救扶的助緣。

美國煤油大王洛克斐勒，對於公共福利事業很熱心。有一次赫斯頓大學請他捐款，他立刻就答應捐五百萬美元。這消息立刻獲得赫斯頓日報的新聞記者採訪。第二天，赫斯頓日報就用頭號大字標題登出來了，不過捐款的數字排錯了，排成一千五百萬元，這數字比實際要捐的多了一千萬美元。洛克斐勒見了，吃了一驚，立刻打電話找赫斯頓日報經理說：

「這真是一個天大的錯誤！五百萬竟錯成一千五百萬！」

赫斯頓日報的經理聽了，立刻道歉說：

「對不起！讓我明天登報更正好了。這是我們報館的錯誤。」

仁慈的洛克斐勒連忙說：

「不，我不願意使你們的報紙對讀者失信，那麼我就多捐一千萬美元好了。但是下次不可再錯了。」⑨

總之，古往今來的聖賢之士，都視富貴錢財如身外之物，富貴如夢，人情無常，能識得這一點，則此心將坦蕩如光風霽月，毫無牽掛。老子云：

「知足之足常足矣」。
知足其實就是人生無可替代的最大「財富」。

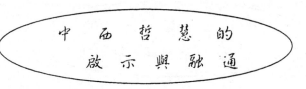

註釋

①論語，里仁篇第四。

②老子，道德經，知足章第四十六。

③同註②，知止章第四十四。

④轉引自方良，人生的錦囊（台北：林白出版社，民國六十五年三月十日，二版），頁二六五。

⑤同註④，頁一一〇。

⑥同註④，頁頁五九。

⑦同註④，頁一七三。

⑧同註②，盡己章第三十三。

⑨引自于慶城，仁愛故事一百篇，上冊（台北：青文出版社，民國七十七年三月，再版），頁三六——三七。

⑩同註②。

德蕾沙修女的大愛啟示

把多餘之物給別人，固然是應該的；即使把自己的生活所需給與貧困的人，你也不要自認對人有大恩。真正的愛，甚至要求你獻出自己的心。

壹　慈愛的聖者——德蕾沙修女

被稱譽為「貧民窟聖人」的德蕾沙修女在九七年的九月初去世了。舉世各地在得知這個消息的同時，都不約而同的深感哀悼。世人所熟悉記憶的，是這位長年包著頭巾、滿臉皺紋、個子矮小、有點駝背的修女，總是出現在貧病窮困者之間，儘管她瘦小佝僂的身軀並不顯眼，但她巨大的心靈所散發的人道精神，卻承擔了無數世界的苦難，留給我們多少感動和啓發。

德蕾沙修女是阿爾巴尼亞人，但她卻遠遠超越了國籍、宗教、人種的界限，用去了半個世紀為印度的貧民工作。她的工作不只是醫療、濟貧等一般善行，而是以愛帶給世間受遺棄者最後一點希望。包括對垂死者的安慰，以及讓貧病者感覺被愛和有尊嚴。德蕾沙修女能夠如此勇敢的深入人類最骯髒、最悲慘的貧民區，完全是因為她對窮人有一種出自內心的尊敬。她說：

「窮人不需要同情和垂憐，他們需要我們的愛與熱情，必須讓貧困者知道，我們愛他們。」①

修女接受諾貝爾和平獎時，她清楚的宣佈：

「我是代表窮人來領獎。」②並特別請求瑞典皇室把當天全體得獎人的聚餐省下來，以便幫助窮人。

所以在印度加爾各答的「垂死之家」，安靜、昏暗的室內，地上鋪著一張張綠色的塑膠布，上面都是躺著骨瘦如柴、肚皮腫脹的垂死窮人。這些人都是德蕾沙修女和她所領導的仁愛傳道修女會的修女從街上找回來的。同時她們跪在綠布床邊，不戴手套，沒有口罩，握住瘦弱而骯髒的手，輕輕的在愛中與他們告別，希望生命從此無憾。③

德蕾沙修女善行的感人之處，不外幾個重點：身體力行，不媚世俗，不以「救世」姿態自居。她認為對貧病者所付出的愛，反而「使我自己得到嘉樂與充實」。換言之，慈善工作不在居高臨下的施捨，而在於「眾生平等」信念的愛心。

有人曾問她如此有愛心，是不是曾見過耶穌顯靈？德蕾沙修女曾經很明確的告訴大家，她沒有見過耶穌顯靈，可是每次當她看到窮人，她就看到了耶穌基督。④顯然的，如果沒有她個人視如珍寶的信仰，沒有深刻的宗教靈修，這一切或許都無法實現。

貳、宗教最近聖潔的愛

無獨有偶的，在台灣也有一位因受宗教信仰影響，而發大慈悲心聞聲救苦的證嚴法師。更雷同的是；她所創辦的慈濟功德會從事的社會工作，也是抱持著「尊重生命，莊嚴人生」的宗旨，朝著「關懷社會、擁抱蒼生」的目標邁進。至今在四百萬慈濟會員的努力下，不論在慈善、教育、文化、醫療四大志業上，均展現了蓬勃的發展成果，並繼續追求達成慈濟精神的國際化理想。

這兩位令人敬仰的仁愛典範，所展示的聖潔之愛，均來自於信仰的深沉召喚，這就讓我想起「前世今生」（Many Lives, Many Masters）一書中，布萊恩・魏斯博士(Brian L. Weiss)在催眠病患中所得到的靈界大師訊息：

「每個人的道路基本上是相同的。我們在有形體的狀態下都有東西要學。有的人學的比別人快些。施與、希望、信心、愛……，我們都必須了解這些，而且了解的透徹。並不是只有一種希望、一種愛，很多事情之中都包括了它們。有許多方式可以呈現它們，但我們只觸到皮毛而已。有宗教信仰的人離這個境界比我們近，因爲他們立過服從與純潔的誓，他們付出許多卻不求回報。」⑤

每個人來到塵世間，都有許多精神性的功課要學，而宗教的指引與誓願，卻能使教徒的學習，比較一般人更快速而純潔。因為所有正信宗教，都以精神的淨化與愛，作為其信仰的里程碑。如耶穌使徒保羅就強調基督徒「總要用愛心互相服事。因為全律法都包在『愛人如己』這句話内」⑥。而談「愛」，中國思想家們更超昇至「萬物同性同體」的最高精神領域。儒家以「天命」宗教觀立教的孔子，就作了哲理上的大突破，他直接的説「仁」就是「眞我」(Real Self)，就是我們眞實生命的本體；同時也是宇宙萬物的本體。祇要人能踐仁成仁者，就可以「復性」（回復與天同明的仁愛之性）⑦。道家則認為人之本體即為道，道為無象之象，懷抱萬物而滋養，如慈母疼愛嬰兒。人若要成「道」，就必須「慈、儉、不敢為天下先」⑧。佛家提倡「眾生即佛」與「眾生平等」；因此對一切生命都有「無緣大慈，同體大悲」的菩薩心腸，對世間苦難有眞實的悲憫與無我的關懷之情，促使人間淨土能早日實現。

基督宗教的「愛」，來自於上帝的感召與教徒的效法。中國各家的「愛」，則是我們每個人生命裡本有的慈悲，是自然的，純淨的，無限又永不止息的。

參　「瀕死者」的被愛體驗

如果一個人想體驗上帝、天、道或佛的「愛」，在過去，他祇能依賴經典的召示或個人的神秘經驗，除此而外，別無可能。到了現代，由於醫學的進步，醫生們經常能把已經呈現死亡現象的病患又救活了回來。因此，我們幸運的能從這些「瀕死經驗」(Near Dead Experience)者的死亡體驗中，窺知一、二。

「瀕死經驗」一詞，是美國雷蒙德・穆迪醫師(Dr. Raymond Moody)在一九七五年出版「死亡之後的生命」(Life after Life)一書中提出；此後無數科學家、心理學家也相繼進行深入研究，得到許多令人鼓舞的「死後生命」新證據。⑨

其中，許多「瀕死者」會以難以置信的速度，在黑暗的隧道中急飛，後來他們會發現自己慢慢接近一束令人目炫的光，對他們講話，並表示熱烈歡迎。最特殊之處，是每一個與光接觸的人，都覺得非常舒服，有安全感，也覺得無微不至的被愛。由祂而發出的愛是無法想像，無法描述的。（奇特的是，光會因人的不同信仰，而被説成不同的神祇⑩。）

美國最受注目而廣為人知的「瀕死者」貝蒂•艾娣（ Betty J. Eadie）是一位法律顧問，她在一九七三年十一月因手術失誤，發生死亡意外，但幸運的經過醫生不斷的急救，終於活了回來；但她卻説出了不可思議的「死亡」經驗，後來出版成書「被光擁抱」（Embraced By the Light），此書不僅連續獨霸紐約時報排行榜第一名達半年之久；同時也成為各大學研究瀕死經驗的必讀之書。其中，貝蒂•艾娣就詳盡的説到那個光的「愛」：

「圍繞著祂的光，是金黃色比太陽還亮的光，當我們合而爲一，心中頓時充滿被愛的感覺。這時我知道，我一直是祂的一部分。而祂就是愛，祂的愛使我心中充滿喜樂，幾乎要溢滿。」⑪

「祂告訴我，除非能幫助別人，否則有限的地球生命是毫無作用的。我們的天賦和才能，都是爲了使我們有能力爲人服務。在奉獻的過程中，我們變得神聖。」⑫

「當我們在自己身上見到基督的光，便會在別人身上也見到基督的光，無論如何，都不能不去愛每一個人。總而言之；我被告之，愛是的根本，沒有了愛我們什麼也不是了。」⑬

「我的經驗是，只有在愛人時，我們才有存在的意義，而救主給我的指示是—『無論如何，彼此相愛。』」⑭

基督的信仰，使貝蒂・艾娣在瀕死經歷中，感受到基督之光無限包容的大愛，也使她在爾後眞正展開了「愛人如己」的人生。就中國宗教哲學而言，我們就是那個「大愛之光」。我們都有廣大無邊的慈悲力量，祇要能脫出「我愛」與「我執」的無明，我們就能夠像德蕾莎修女和證嚴法師一樣，具有如通天大樹一樣的大愛。德蕾莎修女在辭世之前，曾說過：

「神會找到另外一個更謙恭、更忠誠、更服從的人，讓社會的巨輪轉下去。」⑮

我們希望未來能接續德蕾莎修女救世敬貧偉業的人，不是祇有一個，而是千千萬萬個。而大家的目標，都能同樣指向最有智慧和慈悲的愛：

「把一切的利益和好處給別人，
把一切的損失和失敗由自承擔。」⑯

註釋

① 社論，聯合報，民國八十六年九月七日。
② 傅佩榮，「人性的希望」，聯合報，民國八十六年九月八日，十一版。
③ 梁玉芳，「垂死之家」，聯合報，民國八十六年九月七日，三版。
④ 李家同，「窮人陛下」，聯合報，民國八十六年九月七日，三版。
⑤ 布萊恩・魏斯，前世今生（台北：張老師出版社，民國八十二年十月，六七刷），頁六十。
⑥ 聖經，加拉太書，第五章。
⑦ 牟宗三，中國哲學的特質（台北：台灣學生書局，民國八十三年八月，再版八刷），頁四十四。
⑧ 道德經，六十七章。

⑨穆迪前後共對一五〇多個實例做了深入的瞭解、探索和研究，在此基礎上寫出了一本風靡一時的書──《死亡之後的生命》（Life after Life），這本書最早出版於一九七五年。穆迪醫生再接再勵，在此基礎上繼續深入進行他的研究工作，終於一九七七年出版了他的第二本暢銷書──《死亡之後的生命的思考》（Reflections on Life ater Life）。這兩本書的出版，都在廣泛的領域激起了廣大科研工作者對於「瀕臨死亡經歷」的興趣，這其中既有著名的科學家，也有普通大眾。就在穆迪的第一本書剛剛問世時，世界一片嘩然，大眾的好奇心被喚起的時候，一大批的研究人員，已經開始表現出對這個課題極大的興趣。在「瀕臨死亡經歷」研究領域前仆後繼的先驅者主要代表，包括以下幾位：

肯尼思‧林醫生（Dr. Kenneth ring），來自康乃狄克州大學（University of Connectic）。

麥克爾‧薩博醫生（Dr. Michael Sabom），來自佛羅里達大學(University of florida)。

馬戈特・格雷醫生(FDr. Margot Crey)，來自英格蘭(England)。

還有這方面的撰稿人如D・斯科特・羅戈(D. Seoti Rogo)，他來自美國；以及來自英國(British) 的艾安・威爾遜(ilam Wilson)。

隨著研究工作的深入發展，在千千萬萬個實例的基礎上，研究人員已經建立了「瀕臨死亡經歷」的「核心內容和體系」。有些曾一度瀕臨死亡的人，離開了自己垂死的軀體，往往是飄浮在一個制高點，一覽無遺俯視自己的軀體。

然後，這個垂死者就會進入一個隧道往前移動，直到來到這個隧道的盡頭。這裡，游離的靈魂會發現一個強大的，明亮耀眼但卻溫和宜人，使人舒適的光芒。

這個人下一步的動作就是向光芒走去，最終完全置身於這種宜人的光芒之中，在這個過程中，這個人會碰到一個奇妙絢麗的

「神靈」，通常人們認為這個神靈就是神通廣大的耶穌基督（但也有非基督教信仰者有別的神祇說法）。然後游離者開始回歸原來的軀體。在整個過程中，游離者時時刻刻都會感到有一種偉大的愛，在支撐著游離者的軀體和精神。

眾多的研究人員，雖然對瀕臨死亡經歷的主題意義何在，至今仍未能達成一致意見。但至少有一點，眾多科學家們是意見一致的，就是無論當事人的年齡、宗教、信仰、文化背景、風俗習慣等等諸多方面是如何千差萬別；但是，他們的「瀕臨死亡經歷」內容的核心部份是驚人的雷同，這種模式幾乎可以預料得非常準確。

當然，或需有人會提出疑問，因為現在很多人都聽說過「瀕臨死亡經歷」是怎麼回事，甚至對它的內容的細微末節都了解得一清二楚，這樣一來，出現雷同，純屬受到看書等外界的客觀刺激和影響。但是我們應該注意到，當穆迪醫生開始對這個課題展開研究的時候，人們根本還找不到任何關於這個問題公開發行的印刷品。但是，眾多實例的當事人，對他們「瀕臨死亡經歷」所作的陳述，從其核心基本的內容去考查，卻有著驚人的相似或相同。

以上參引自多林・金德斯利(Dorling Kindersley)著，劉增泉譯，死亡之後的生命（台北：卓越文化公司，一九九五年八月），頁廿七—廿九。

⑩ 瀕死經驗最令研究者重視的是，許多「瀕死者」都能在他們出竅過程中，知道或聽到一些全新的事物（經查證也完全正確），這證明他們的出竅既不是幻想，也不是大腦功能異常。根據穆迪醫師的研究發現，人自覺到了光芒最終極形體，其身份通常可由有信仰背景者辨別出來。它可以是耶穌基督，也可以是菩薩，或是阿拉。這形體散發著愛及包容，以致於使有人得知自己必須要回去，因為其陽壽未盡，他們也非常不想離去。引自Jenny rondles & Peter Hough 著，李淑媛、謝磊俊譯，靈魂不滅（台北：大村文化公司，一九九七年二月），頁三九一。

⑪ Betty J. Eadie著，林曉梅譯，我有死亡經驗（台北：希代有限公司，一九九四年八月），頁六三。

⑫ 同註⑪，頁七二。

⑬ 同註⑪，頁七二、八四。

⑭ 同註⑪，頁一九〇。

⑮ 于人瑞，「人性的希望」，餘同註②。

⑯ 索甲仁波切，西藏生死書（台北：張老師文化公司，民國八十五年九月，卅九刷），頁一一四八。

中國哲學的「生命實相」

宇宙的「生命實相」（最高存在），對大多數人類而言，是十分神秘的。因爲它是不屬於人類頭腦、難以說明、難以下定義的「某種東西」，而「它」正是「我們自已」。

有一次河裡的魚討論著：

「聽說我們是不能脫離水而生存的，可是我們並沒見過水，我們不曉得水是什麼樣子。」

這時有一隻較聰明的魚說：

「聽說海裡住著一隻非常聰明而有學問的魚，他對什麼都一清二楚，我們一起出海去，請他把水指給我們看，問他究竟是怎麼樣的一種東西。」

於是魚群出海找到了那隻聰明的魚。當他知道魚群的來意後回答

：

「你們就活在水中，你們正是靠水維生，卻說不懂水是什麼？」同樣的，人一直敬畏著，同時也竭力探索著整個宇宙的生命實相（最高存在），但事實上，我們就是這個宇宙的「生命實相」（最高存在），但大家卻不懂「生命實相」（最高存在）是什麼！

壹　中國先哲體驗的「生命實相」

儒家對於「生命實相」的體驗，來自於「天人合一」的修證，發現「天」與「人」其實祇是一個，因此孔子講「踐仁以知天」①；孟子講「盡心知性以知天」②；陸象山標舉「宇宙即吾心，吾心即宇宙」③；程明道眞言「天人本無二，不必言合」④；王陽明則謂「良知即天」⑤，其終極化境則在於「天地與我同體，萬物與我為一」，達到自我與生命實相、最高存在一體通流、大化流行的神聖境界。

道家老子云：「不出户，知天下，不窺牖（一ヌ側窗），見天道。」（四十七章）大道並不在外，祇要人心一入「虛極靜篤」的定境，自能得道體，轉乾坤，而與大道相應。莊子說：「察乎盈虛，故得而不喜，失而不憂。明乎坦塗，故生而不說，死而不禍。」（秋水篇）徹悟眞心即大道之人，以無證無得為得，故無得失之心；入於道體無思無慮無憂無懼、無欲無為、無念無心之絕對境界；當此之時，我即道，道即我，不分彼此。

佛家對於「生命實相」的見地更直接，達摩說：「若要覓佛，直須見性，性即是佛，若不見性，終日忙忙，向外馳求，覓佛元來不得。」慧能云：「三世諸佛，十二部經，在人性中本自其有，若識自性即至佛地。」⑥臨濟禪師說的最白：

「道流！心法無形，貫通十方；在眼曰見，在耳曰聞，在鼻嗅香，在口談論，在手執捉，在足運奔；本是一精明，分爲六和合。」

自心不迷，於自身中便得見自性佛。所謂依自不依他，自求不求佛；自性即佛性，自身即佛身，當下即佛矣！

貳　佛陀動人的「生命實相」開示

在東西方經典中，對「生命實相」開示最精彩動人的一幕，莫過於佛家「維摩詰經」佛國品中所記載釋迦牟尼對弟子的一次教學示範。

有一次佛陀對寶積開示：

「如果菩薩想要建立他的淨土，應當先清淨自己的心，當自己心清淨了以後，他的佛土也就清淨了。」

這時佛陀最有智慧的大弟子舍利佛，因受感召，突然生起了一個念頭：「如果說菩薩心淨則佛土淨，難道我的老師做菩薩時心不清淨嗎？否則他成佛後的這個佛土（地球），怎麼如此不清淨呢？」

佛陀不等他開口發問就知道他的念頭，於是馬上告訴他：「你為什麼怎麼想呢？你能不能告訴我，究竟是太陽和月亮不清淨，還是因為瞎眼的人看不見它的清淨？」

舍利弗立刻回答說：「世尊！不是日月不清淨，而是眼盲的人自己不見日月的清淨。」

佛陀於是接著說：「那就對了！舍利佛，我所住世的這個國土也是清淨的，但是眾生執著於物質的假象，不能見佛的國土實相莊嚴而清淨，這不能怪佛呀！」

這時佛陀的護法，螺髻（ㄐ一）梵王告訴舍利弗說：「你千萬不要想說地球這個佛土是不清淨的，因為我看見釋迦牟尼佛的佛土清淨的就好像天宮一樣。」

舍利佛不同意這樣的說法，反駁說：

「我看見這個國土到處是丘陵、坑洞、荊棘、沙礫、土石諸山，到處充滿了髒亂、邪惡，怎麼可能是一個莊嚴清淨的國土呢？」

梵王說：

「你的心生出了高與低的分別心，所以不能明白佛的平等無差別智慧，見不到生命實相的清淨，因此你所見的國土才如此不淨。」

舍利佛聽了以後，還是無法瞭解為什麼佛陀的國土是清淨的。這時佛陀說：

「舍利弗！菩薩因爲見到一切眾生平等的佛性，故心生清淨；任何人祇要能依佛的平等無分別智慧，就能見到這個佛土的清淨。」

佛陀說完，立刻以腳趾按地，剎時三千大千世界同時出現在大家面前，有千萬珍奇的寶石鑲滿，並裝飾著整個大千宇宙，就像寶莊嚴佛無量的功德所裝飾的佛土。一時之間，每一個在場的人都讚嘆這個前所未見的，而且每一個人都看見自己是坐在這以珍寶裝飾的蓮花寶座上。

這個時候，佛陀告訴舍利弗說：「你現在看看這個佛土的莊嚴清淨！」

舍利弗驚訝的回答說：「是的！世尊！我從來沒見過，從來沒聽過，沒想到莊嚴清淨的國土會完全出現在我眼前！」

佛陀又說：

「我佛國土，就是如此清淨，爲了想渡這片國土上慧根低下的人，所以才現出所有的邪惡與不淨在這土地上。這就好像欲界諸天天人共用一個寶器進食的時候，飯色內容會隨此人的福德而有差異。所以，舍利弗！如果一個人的心能真正入於平等無分別的清淨境界，就能真實看見地球佛土的功德莊嚴。」⑦

舍利弗始終從人為的意識，從生滅與差別的心，看地球的現象世界；其實，舍利弗所見的世界是一個幻相，是一個不眞實的世界。幻相世界正如佛陀所說如「夢、露、幻、電」⑧，它的存在無常而短暫。如果能對幻相世界不起分別心，就能見到我們自己和天地萬物的生命實相。一旦進入實相，自然能了知我們置身之處就是淨土，就是天堂。

參　成為像神一樣的存在

推究物質幻相存在的目的，是為了讓生命從其中得到學習和醒悟，進而瞭解我們就是宇宙的最高存在；我們就是生命實相的本身。在認識這一層之後，我們將可以不再回到地球，而進入眞正的天堂。「前世今生」(Many Lives, Many Masters)作者布萊恩・魏斯（Brian L. Weiss)博士在整理催眠過程，所得到的高級指導靈指導意見後，曾寫下這樣的一段結論：

「我漸得到一套有系統的靈魂學，這個學說講的是愛與希望、信心與善意。它檢視了德行與罪愆，對別人與自己的債務。說的是靈魂透過和諧與平衡得到的進化，進化至與神相連的狂喜境界。……也許最重要的，是『我們是永生的』這不可動搖的概念。我們超越生與死，超越時間與空間，我們就是神，祂們就是我們。」⑨

「我們的目標就是學習，透過知識而成爲像神一樣的存在，然後可以回靈界休息。」⑩

不論從中國哲學或靈魂學來看，宇宙最高存在，這個生命的源頭與本體，從來都沒離開過你。因為祂就是你，藉著人而顯現祂的生命。當然，如果一個人，他不知道也不相信自己是神，那他將永遠也不會成為神。

瑞士文學家愛彌爾(Henri Federic. Amiel 1821-1881)說過：

「人與神合爲一，乃意味著神就在自己裡頭；十七世紀的神秘詩人安格爾斯說的好：『我看神的眼睛和神看我的眼睛是同一雙眼睛。』」

生命中最珍貴的財寶，就是認識自己的「生命實相」，認識自己是「最高的存在」，然後成為神（或天、道、佛），而且能像神一樣永恆的活著，在天堂裡。

註釋

① 孔子知天的途徑除了「踐仁」外，尚有「知人」（中庸二十章云：「思知人，不可以不知天」）。「質諸鬼神」（中庸二十九章云：「質諸鬼神而無疑，知天也」）。「至誠」（中庸三十二章云：「唯天下至誠，為能經綸天下之大經，立天下之大本，知天地之化育」。

② 孟子，盡心上。

③ 轉引自楊祖漢，宋元學案（台北：時報文化公司，民國七十二年十一月），頁二五七。

④ 同註③，頁九三。

⑤ 王陽明傳習錄，右門人黃修易錄。

⑥ 六祖壇經，般若品第二。

⑦ 維摩詰所說不可思議解脫經，佛國品。

⑧ 「夢、露、幻、電」為佛陀在「金剛經」應化非眞分第三十二所

云之偈語：「一切有為法，如夢幻泡影，如露亦如電，應作如是觀。」

⑨ 布萊恩．魏斯(Brian L. Weiss)，前世今生—生命輪迴的前世療法(Many Lives, Many Masters)（台北：張老師出版社，民國八十二年十月，六十七刷），頁一五〇。

⑩ 同註⑨，頁二九。

⑪ 托爾斯泰著，梁祥美譯，托爾斯泰三六六日金言（十—十二月）（台北：志文出版社，一九八九年七月），頁一九〇。

陽明與禪宗的「眞我」

乘著思想的翅膀飛上高空的人，看到的總是一片青天，因爲太陽總在雲層上面照耀著。——柴寧（William Ellery．Channing）

明儒王陽明在晚年的時候，多用「本體」來說良知，也多用「無」說「良知本體」。這「無」是指「眞我」超塵絕俗的本質，他有一首用來給學生參悟的詩，是這樣寫的：

「爾身各各自天真，（你們每人的「真我」都來自上天）
不用問人更問人。（不需要一再的問別人）
但致良知成德業，（祇要實致良知修成崇偉德業）
謾從故紙費精神。（何需浪費精神在經典文句上推敲）
乾坤是易原非盡，（乾坤之道是活的不是死的）
心性何形得有塵？（本性本心那有形狀那能沾染灰塵）

莫道先生學禪語，（別說老師學禪宗的教學語言）

此言端的爲君陳。」（這些都祇是爲了讓你明白而說的）①

禪先生「心性何形得有塵」一詞；和惠能禪師「本來無一物，何處惹塵埃」的語意，如出一轍；也都是在強調「眞我」的「無」。

陽明「無」的思想，源於孔子所論的「易經」及宋儒周濂溪先生的「太極圖說」，其中均有「無極而太極」的理論。②它的大意是說——作爲宇宙生化根源的「太極」（最高的、最眞實的存在），是來自「無極」（無形無狀）的。

「無極而太極」一理，老子亦有，老子說：

「天下萬物生於有，有生於無」③

萬物是由一個不可見的「妙有」化生的，而「妙有」是由「無」（一無所有）生出的。

在陽明看來，「無」才是每個人的眞實面目，他有一首詩說：

「一竅誰將混沌開？（道本一元，是誰將它分開成二元呢？）

千年樣子道州來。（數千年來聖人都說吾心是從道（太極）來

的）

須知太極元無極，（要知道太極的道，是從無極來的）
始信心非明鏡臺。（人才相信吾人不是可見之物）
須知明鏡亦塵埃。（要知道可見之物都是物質塵埃）
人人有箇圓圈在，（每個人都有圓喜活潑的良知在）
莫向蒲團坐死灰。」（別整天在蒲團上打坐去練　一團死肉）

④

詩中之意，清楚表達了「眞我」來自於「無」，而且超然於物外；這才是先聖不斷苦心，向後人指點提斯的「本來面目」。

在唐代，有位慧海禪師當他第一次去拜見馬祖禪師時，馬祖問他：

「你從那裡來？」

慧海回答：

「從越州大雲寺來。」

馬祖又問：

「來這裡作什麼？」

慧海回答：

「來求佛法。」

馬祖便說：

「我這裡一點東西都沒有，還有什麼佛法可求，你自己有寶藏不顧，離家亂走什麼？」

慧海便問：

「什麼是我的寶藏呢？」

馬祖又說：

「現在問我的，就是你的寶藏，這個寶藏一切具足，沒有欠缺，運用起來非常自在，何必要向外追求。」

聽了這話後，慧海不用思考和推理，便立刻洞見自性。⑤

在馬祖禪師教法中，點醒不知本心即佛，卻向外求佛的學者，最簡捷的方法，就是要求他自己的直觀，去認識自己的本來面目。這個「眞我」和西哲愛默森(Rolph Waldo Emerson 1803-1882) 的「最根本的自我」極為相似，愛默森說：

「在我們研究了自信的理由後，便可以解釋爲什麼由個人原始行動會引發了這種磁性的吸力。但什麼才是可以作爲普通信賴基礎的最根本自我呢？這是一顆沒有視差，不能計畫，而使科學受挫的晨辰，它美麗的光芒，照透了繁雜不淨的行爲。如果它沒有一點獨特之處，試問本性和力量又會是什麼呢？這問題使我們歸根究底，去探索那種被稱爲自發或本性的天賦、道德，和生命的本質。我們稱這種根本之智爲直覺，稱學習得來的爲教授。那個分析所不能及的最後力量，就是萬物的共同根源，在平靜時從靈魂深處，我們不知如何的透出了那種存在感，它是和萬物、時空、人類一體共存的，顯然，它就是和生命及一切存在同一根源的。」⑥

一個不能計畫，不能分析的力量，就是愛默林「最根本的自我」。

惠能禪師有一天，在一個頗為正式的法會上說：

「我這裡有一個東西，無頭無尾，無名無字，無背無面，你們是否認識呢？」

神會禪師立刻站出來說：

「它是諸佛的本源，是神會的佛性。」

惠能指責說：

「我已經很清楚的告訴你它是無名無字的，你偏要叫它作本源和佛性。將來你即使有點成就，也只是咬文嚼字的知解徒罷了。」⑦

「自性」無頭無尾、無名無字、無背無面，實在已不是語言文字能說的明白；唐代最傳奇的隱士寒山，就作了這麼一首著名的詩偈：

「吾心似秋月，
碧潭清皎潔，
無物堪比倫，
教我如何說。」⑧

自性的神妙，的確祇能意會，無法言傳。

註釋

①謝廷傑本，「示諸生之首」之一，王陽明全書㈡，頁二〇六。

②周濂溪有一篇文章名「太極圖說」，亦非常著名，對後來的儒學有很大的影響。太極圖的來源很古，和道教亦頗有關係，大概濂溪看到這個圖後，覺得可用來說明儒家的義理，於是便寫成太極圖說。它的大意是說：作為宇宙的生化根源的太極（最高的、最眞實的存在）是無極（無形無狀）的，而陰陽動靜的理便從太極而來。陰陽變化，便生金木水火土五行（五種基本物質），及春夏秋冬四季。陰陽五行互相運轉結合，便生雌雄男女，而萬物便化生而出了。這一切的活動，都是本於太極而有的。在一切存在物中，只有人是受到五行陰陽的靈秀，所以能有知覺及性情，一旦受外物所感，一切或善或惡的事情便發生了。於是便有聖人出來，訂立仁義中和的法則，建立起理想的人格典型，使人實現無限的價值，而可與天地並立。請參閱楊祖漢編，宋元學案（台北

：時報文化公司，民國七十六年元月），頁六三。

③ 老子，道德經，四十章。

④ 「書汪進之太極巖二首」，王陽明全書㈡，頁一九五。「道州」指周敦頤（湖南道州人）。「圓圈」指太極，或本體。最後兩句，似有反對靜坐過多之意。

⑤ 引自吳經熊，禪學的黃金時代（台北：台灣商務印書館，民國七十九年八月，十六版），頁六九—七。

⑥ 同註⑤，頁二〇五—二〇六。

⑦ 同註⑤，頁四二—四三。

⑧ 同註⑤，頁二九五。

中國哲學的頓悟體驗

只有從自己心中才能發現神。——托爾斯泰

近來經由大眾傳播媒體多方介紹，愈來愈多的國人對「禪」產生了濃厚的興趣，但礙於機緣，多半都有所「感」而無從「悟」，也因此無法體會「禪」在生活上所帶來的喜樂。

眾所週知，中國禪主要是放棄了外在形式對悟道的束縛，成了舉世獨一無二，活潑引人的悟道門徑。

「悟禪」是一個求道者夢寐以求的境界，它是經由一連串思考與探索後，在某一瞬間突然內發的一種澈悟；與外在形體的坐、站、形式規範無關。所以釋迦牟尼可以觀星悟禪；靈勤志雲禪師觀桃花凋謝而大悟。至於耳聽蛙鳴，眼觀燈火而悟禪的公案，更是學禪者耳熟能詳的故事。這正是為什麼禪宗六祖慧能，訓誡弟子放棄枯坐參禪的道理，這也是為什麼在日本禪院裡，有許多和尚苦坐參禪了很久，還是不能悟禪的原因。

嚴格的訓練和坐禪，其實祇是「悟禪」的方法之一，卻絕不是唯一，也不一定是最好的方法；過於執著訓練和打坐，反而成了學禪者悟道的障礙。

「禪」究竟是什麼？「悟禪」眞的是那麼特別嗎？這一定是許多人非常好奇的一個問題。

其實「禪」從字義上看，是指「定心於一」，不過它眞正的重點，卻是在頓悟自己「本來面目」。因此，廣義的說來，它並不專屬於禪宗，道儒兩家也同樣有頓悟的的動人體驗。一個人一旦「頓悟」自我本來面目，它就突然瞭解整個宇宙的大根大本，生命頓時與萬物打成一片；自然會從心底發出無比的悅樂。煩惱、憂慮、慾念、苦悶等妄念，也會立刻消逝無蹤。難怪有的禪師在「頓悟」的刹那，喜悅的大笑，聲聞數里；王陽明在龍場驛中夜大悟「本心」①時，高興的大叫，使屋內所有的人從睡夢中驚醒。陽明的「悟本心」與禪宗頓悟的

「明心見性」，實際上並無太大的差異。②而道家的頓悟，則是從大自然中發現了「自我」與「大道」的齊一性。

不過，「頓悟」並非禪的最高境界，而是禪修的開始。禪的眞正化境，需要悟禪者經過潛心體會，力行實踐後，才能達到。老子在道德經裡說的「為道日損，損之又損，以至於無為。」③，指的就是這種行證的功夫；要求悟道者逐步拋棄以往習染的妄見，回復到本體「清淨無為」的狀態。

可惜，自古以來，學禪者雖多如牛毛，但眞能識得「禪心」，力行不輟，終登聖境者；實如鳳毛麟角，少之又少。所以菩提達摩在臨終前向慧可說：

「吾逝後，法雖大榮，知道者多，行道者少，說理者多，悟理者少。」

頓悟者必須力行實踐這些心性上的體證，才能眞正了悟自己是「宇宙之主」，是「光明圓滿」，是「無」，是「空」，卻又「妙有」。自在享受「內也沒有，外也不求」的悅樂。

祇有通過不懈的修持，才能契通吾人「本心」的眞實境界，其實就是孟子的「不動心」④；顏回的「坐忘」⑤；王陽明的無善無惡心之體」⑥；老子的「歙歙為天下渾其心」⑦；莊子的「與其譽堯而非桀，不如兩忘而化其道」⑧；佛家的「於第一義而不動」；禪宗的「不立文字，不落言語」；金剛經的「名相俱滅，不辨眞實」。因而道貫一切經法；用文字語言，而不為文字語言礙心。若不修持，文字語言，天下萬象，徒為魔障。祇有「行禪」才能「非禪」，透過「非禪」，才能「立禪」。

祇有「行禪」，才會眞正貫通儒、道、釋原本一家的道理。體驗「萬物同性同體」、「眾生是佛」一體而通流的生命體驗，待人謙恭篤敬，平等慈愛，正如孔子所說「苟志於仁矣，無惡也。」⑨；如老子所說「慈、儉、不敢為天下先」⑩；如佛家所說「諸惡不作，眾善奉行」。循此以往，則中國人「天地位焉，萬物育焉」浩極霄漢的終極理想，不期自成。

當然，唯有「行禪」，才能證入「世間本無事，庸人自擾之」的心性本體。感悟本心本性原本「無為」，而又縱橫自在，隨緣隨喜的「無不為也」！

註釋

①依學者秦家懿的看法：陽明認為，他的哲學深意，不出乎「心」。這是他的思想的起點與終點。無怪他的學說，被人認為是陸九淵思想的進一步發揮——也就是「心學」。陽明認為，心與自然一體，是眾善之源，也是知覺與道德的根，並擁有使人成聖的能力，這不是說，心無不善，而是說，心有治不善的本事。陽明將心與太陽相比，就如太陽自然發光，只有受遮時才變暗。人心也一樣，只有受私情所障時才失亮。所以哲學的功用，就是「發明本心」，用《大學》的話說，也就是「明明德」。

由此可見，陽明指的「心」，含有三重意義：

(1)原始的，純潔的「本心」。

(2)受私欲所蔽的「人心」。

(3)成聖者重新光復而得的「眞心」。

由此也可見，心有自決的、自善的能力；不求外助。請參閱秦家懿，王陽明（台北：東大圖書公司，民國七十六年七月），頁五五—五七。

② 陽明在中國大儒中，是被公認最能吸收禪宗思想精華的一個；如其「良知」與禪宗所說的佛性很難區分；他在「答陸原靜書」時說：

「不思善不思惡時，認本來面目，此佛氏為識本來面目者設此方便。本來面目，即吾聖門所謂良知」

這裏所謂「本來面目」，即禪宗所說的佛性；不思善不思惡，也是「六祖壇經」中，慧能對弟子開示用語。陽明後來的四句教「無善無惡是心之體，有善有惡是意之動，知善知惡是良知，為善去惡是格物」，其源頭思想即是禪宗。另禪宗「不立文字」，陽明也主張「謾從故紙費精神」，禪宗有「教無頓漸，人有利鈍」的說法，陽明也說：

「利根之人，本體功夫，一悟盡透；『其次』者則須漸漸修習，功夫熟後，本體亦自明盡。」在教導學生時，門生蕭惠問道

：「己私難克，奈何？」陽明回答：「將汝己私來，替汝克。」很顯然是仿用菩提達摩「將汝心來替汝定」的說法。這證明陽明確是吸收了不少禪宗的思想。儘管如此，陽明卻也是個攻擊禪宗甚烈的人；如「禪宗心說不能成立」、「佛家云不著相，亦實著相」、「佛之頓悟與常惺惺，皆非心之全體大用」、「佛家養心之方，於世無補」。

陳榮捷先生以為，佛家混心性為一，二者皆言心之體，而陽明則側重心之作用。大概在體上說，陽明之心說與禪家之心說頗近，故不能不於心之作用處，闡明其與禪之不同。所以攻禪，亦即所以自衛也。然陽明之批評禪學，正如明儒之批評陽明，皆不免門戶之見。於禪宗之好處與其偉大貢獻，均不置一詞。只攻其出世，而忽視其聖俗並重。即於佛家之心說，亦欠了解。如無念云云，並非如槁木死灰，而乃本體清淨，不為法相所動，實與道家之自然與儒家之毋意、毋必、毋固、毋我，根本上無大分別。如此看來，陽明批禪，主要是未能了解禪之精神，這點他自己倒也承認，他說：「佛氏吾不得而知矣！」請參閱陳榮捷，王陽明與禪（台北：台灣學生書局，民國七十三年十一月，初版），頁八十。

③老子，道德經，日損章第四十八。

④孟子，公孫丑上。

⑤莊子，南華經，大宗師。

⑥陽明此語來自其「四句教」：「無善無惡是心之體，有善有惡是意之動，知善知惡是良知，為善去惡是格物。」

陽明解釋「善惡」與「好惡」的不同。「好色惡臭」本是自然的事，「是天理合如此，本無私意」。善惡卻與動氣有關，全在於人心。舍心求物，即是動心；便有私意，有惡。而「廓然大公，方是心之本體」，也是「未發之中」。

陽明用《中庸》未發已發思想，解釋他的善惡觀念。「喜怒哀樂未發之中」，即是至善，也是「無善無惡」。因為「未發」便是「不動氣」的心體，沒有私意的心體。

陽明「四句教」的文字，後三句皆談《大學》宗旨，並引用孟子之「良知」說來講《大學》的「格物致知」。但是首句又用佛的「無」字、「體」字，來講「心」；將正心、誠意、格物、致知的思想，從純實踐哲學界，移到不分「體用」的「心學」形上界，給《大學》新的意義。可見陽明的無善惡的「心體」，即是超善惡的「本體」。

無善惡與超善惡，都不是與善惡脫節，陽明分辨了超善惡的本體界與別善惡的實踐界。他並不鼓勵人們，遺棄實踐，單講本體。相反地，他堅持修身的重要性；指出「悟」與「修」的不可分離性。他的理想聖人，是身心皆化，好善如好色，忌惡如惡臭的人。這種人的「心」，已與「道心」一致，既是至善，又是超善惡。請參閱秦家懿，王陽明，頁一五九——一六一。

⑦ 老子，道德經，德善章第四十九。

⑧ 同註⑤。

⑨ 論語，里仁篇第四。

⑩ 老子，道德經，三寶章第六十七。

認識自己才是智慧

真正的智慧是知道那些最值得知道的事，去做那些最值得作的事。——雪萊(percy Bysshe Shelley 1792-1822)

活在物質文明發達的社會裏，感覺上，不論是想吃好的，穿好的或用好的東西，幾乎應有盡有；可是儘管如此，我們還是很難眞正快樂起來。事實往往是；只要我們收入愈多、工作就愈忙碌；地位愈高，慾望就愈膨脹；學識愈廣，心裏的念頭可能愈紊亂。我們發現，再多工作上的成就與事業上的榮耀：我們還是斷除不了煩惱，找不到恆久的眞樂，或得到了悟生死的智慧。也許在面臨疑惑和困擾的時候，我們希望去找出問題究竟出在那裏，不過多半心有餘而力不足，終究還是會回到物質富裕，而心靈空虛的迷惘世界裏；眞正的原因，是我們完全不認識眞實的自己。

禪宗六祖惠能當年在五祖弘忍座下開悟時，曾對「自己」有過如下的體認：

「沒想到自性原本是清淨無穢的！沒想到自性原本是不生不滅的！沒想到自性原本是具足一切的！沒想到自性原本是寂靜不動的！沒想到自性原本是能生萬物的！」

惠能的一悟，察覺了「自我」心性原有的光明圓滿、至善潔淨，也貫通了精神生命的無生無死、永恆不滅、自足自富、一無所缺、寂靜安定、名相俱滅、與天同體、且為萬物之母的本質，生命的境界剎時與天地同根同源，與宇宙大化同源，所以五祖說：

「不認識自性，再努力修行也沒有用，若認識了自性，才是大丈夫、天人師、佛！現在你已體悟了宇宙間最珍貴的真理，我就可以把衣缽和祖位傳授給你了。」

我以為惠能參透自性，當下解開的不僅是自己的困惑，還包括了宇宙的奧秘。惠能發現自性就是佛性，它是整個物質宇宙生成的精神力量；它不但不生不滅、永遠存在，也無慮無求、自足自樂，正是莊子講的「與天和者，謂之天樂」的同樣化境，這種生命與宇宙本一的突破性澈悟與醒覺，油然而生的喜樂與智慧難以言喻。人也開始懂得在生活中，調整匆忙的腳步，收拾紛亂的意念，棄絕貪婪的慾望，從內在省察和觀照中，回歸我們原有的純淨、永恆、富足、寂定與不可思議的天樂。

古人說：「了解別人是聰明，認識自己才是智慧。」能認識自己的本來面目，就是把自我和天地宇宙搭上了線，明白「天地與我並生，萬物與我一體」的道理，人到此時，人我萬物的生命已經打成一片，再沒有你你我我的差別對待。認識自己，就是認識了別人，既是智慧，也是聰明，宇宙同心的無上悅樂與一體通流的溫馨感情，也就會自然湧現了。

禪宗的核心教旨：澈悟「本來面目」

尋找真理，以求獲得真理，是人生最崇高目標。

——愛彌爾(Amiel)

宋儒朱熹有一次，曾向學生讚賞禪宗（特指法眼宗）的思想，他說：

「我想舉出佛家與儒家學問的相似處，例如佛家有詩說：（傅大士所作）

『有物先天地，（有一個東西比天地還早存在。）
無形本寂寥；（沒有形狀，而且靜寂。）
能爲萬象主，（它是萬象萬物的主宰。）
不逐四時凋。』（它雖不動，但卻讓四季不停的變換。）

又說：（洪壽禪師作）

『樸落非他物，（樸實的村落並非真是村落。）
縱橫不是塵；（到處飄浮的塵土，也不真是塵土。）
山河及大地，（因爲山河大地、花草樹木等任何一物。）
全露法王身。』（全部可以看見天地主宰無形的真身。）

另說：

『若人識得心，（如果人能發現本心與天地無形主宰的一體關係。）
大地無寸土。』（就能化入無形的精神境界，心中不復有大地萬象的念頭。）

你們看，這是何等的見識。現在一般的小儒，怎麼可能有這樣的見地，祇有去他們座下問學的份而已。」

朱熹所引的話，其中最關鍵處就在「若人識得心，大地無寸土。」禪宗臨濟禪師就指出，能明心見性之人，就是「無依道人」（不依靠任何人的覺悟者），同時又是「諸佛之母」，他說：

「此人處處不滯，通徹十方，三界自在，入一切差別境，不能回換，一剎那間透入法界，逢佛說佛，逢祖說祖，逢羅漢說羅漢，逢餓鬼說餓鬼。向一切處，遊履國土，教化眾生，未曾離一念，隨處清淨，光透十方，萬法一如。」

因為見性之人本心能自在往來十方，逍遙三界（欲界、色界、無色界），遊化一切國土，故達摩有「大自在王如來」之稱（想去就去，想來即來之意）。祇是「見性」談何容易，，須有明師指引或成熟之機緣才行。

宋代陸亙大夫，有一次問南泉禪師：

「古代有一個人在瓶中養了一隻小鵝，鵝漸漸長大，出不了瓶。現在不能把瓶打破，也不能損傷鵝，請問你用什麼辦法使牠出來？」

南泉禪師叫道：

「大夫！」

陸亙回答：

「是！」

南泉便說：

「出來了！」

這時陸亙才悟到了自己的眞性。

有位和尚請教溈山禪師：

「什麼是道？」

溈山回答：

「無心是道。」

對方說：

「我不會。」

溈山回答：

「你最好是去認識那個不會的人。」

對方又問：

「什麼是不會的人！」

溈山回答說：

「不是別人，而是你自己啊！」接著，溈山又說：

「你要能當下體認這個不會的，就是你自己的心，就是你嚮往的佛。如果向外追求，得到一知半解，便以爲是禪道。這真是牛頭不對馬嘴。正如把糞便帶進來，弄污了你的心田，所以我認爲這不是道。」

清遠禪師認為歷來追求見性之人的病有二，一是騎驢尋驢，一是騎驢不肯下。騎驢尋驢的毛病易見，當人心向外追求，便忽略了內在，而徒勞無功。天堂本在人心中，可是人卻向外求玄。清遠說：

「不要騎驢，因爲你自己就是驢，整個世界也是驢，你無法騎牠。假如你不想騎，整個世界便是你的坐墊。」

天主教神秘主義者默燈神父也說：

「對於我來說，做聖者，就是做你自己。因此所謂神聖，或超渡的問題；實際上，乃是追究什麼是我，以及如何去探索這個真我。」

成聖，成佛，其實就是「成己」，祇是人得先認識眞實的自己。

第二種病是比較難治的。當人知道自己騎在驢上，體驗到內心的安寧與悅樂；但是最大的危險是過分迷戀它，反而失去它。這就是清遠禪師所謂的「騎驢不肯下」。

默燈神父在「禪思的種子」一書中說：

「這種含蘊的，不可分的內心的安寧，正像宗教儀式上的塗聖油，當它被摸觸時，便失去了芳香。」

臨濟禪師亦說：

「真學道（法）人，並不取佛，不取菩薩羅漢，不取三界殊勝，迥然獨脫，不與物物（不同化於物），乾坤倒覆，我更不疑，十方諸佛現前，無一念心喜，三塗地獄頓現，無一念心怖。緣何如此，我見諸法空相（萬物萬象都不斷在無常變化，不是真實之相），變即有，不變即無，三界唯心（人要往生何界，是由自己心識決定），萬法唯識（所有一切好壞美醜等觀念，都是個人主觀意識生成的，與真理無關）。所以夢幻空華，何勞把捉。唯有道流目前，現今聽法的人，入火不燒，入水不溺，入三塗地獄，如遊園觀，入餓鬼畜生，而不受報，緣何如此，無嫌底法（對境不動心），爾若愛聖憎凡，生死海裏沉浮，煩惱由心故有，無心煩惱何拘，不勞分別取相，自然得道須臾。

」

臨濟此說，實因法本無法，心竟無心；無法為法，無心為心，方為活法（道）天機。若悟道人迷戀於道，其道必為邪道。所以臨濟禪師說，悟道者乃為「無事閒人」——心中無一事，一切妄想流轉之情見思量，一起滅盡，而得大休大歇，便證見自性盎然。

在自性世界裏，天地萬物、聖凡佛我一如。即天地之性即萬物之性，即人之性，即佛、聖之性，亦即我之性。故我與萬物一體，與天地同流，與佛、聖同住，性量一如，無二無別。

宋代在茶陵有位郁和尚，有一天在過橋時，不愼滑倒，因而大悟，回寺後，寫了一首詩偈：

「我有明珠一顆，
久被塵勞關鎖；
今朝塵盡光生，
照破山河萬朵。」

郁和尚見到的，是破妄歸眞，天地不著，返樸還醇、清淨無染的

「本來面目」，使其一超直入終極之地。

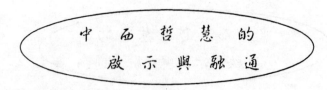

中國哲學悟解的「眞我」奇慧

真理切是一切存在的根源，沒有真理的地方便什麼都不存在，因此聖人見到真理的時候便如獲至寶。

——托爾斯泰(Lev Nikolaevich tolstoy)

慧忠禪師是唐代慧能禪師五大弟子之一；悟道之後，在南陽白崖山弘法四十年，從未離山一步。公元七六一年，唐肅宗邀請他到京城，拜為國師。有一次在法會上，唐肅宗問了很多問題，他都不看肅宗一眼，肅宗生氣的說：

「我是大唐的天子，你居然不看我一眼？」

他問說：「君王可曾看到虛空？」

肅宗回答：「看到。」

於是他說：「那麼請問虛空可曾對你眨過眼？」

這一問，問的肅宗無話可說。①

慧忠禪師為什麼會將自己比做「虛空」呢？學者牟宗三先生所說的「四個我」，很適合解釋這個問題。

牟先生表示儒道釋三家的「我」，都是講「道德的眞我」；此「我」也是陽明良知的「我」，莊子的「眞我」，佛家「涅槃眞我」，它超越了——

一、無常、痛苦、污染的「軀殼我」（生理我）（佛家所說的眼、耳、鼻、舌、身）。

二、心理學意義的我（心理我）。

三、笛卡兒「我思故我在」的「邏輯的我」（邏輯我）（相當於唐德的超越的統覺）。

得到的是經修身而翻過來的——

四、常樂、我淨的真我。②

孟子、陸象山說的「本心」，陽明先生說的「心之本體」，指的都是「眞我」。陽明曾在答覆學生蕭惠問題時，明白講到：

「這個真己，是軀殼的主宰。若無真己，便無軀殼。真是有之即生，無之即死。」③

「真我」在，軀殼生；「真我」走，軀殼亡。這和禪宗六祖慧能在「六祖壇經」疑問品說的「性在身心存，性去身心壞」，如出一轍。

道家對「真我」的體悟，是這樣說的：

——「吾所以有大患者，爲吾有身，及吾無身，吾有何患！」（老子道德經第十三章）。

——「聖人視喪其足，猶遺土也。」（莊子南華經「德充符」）

明白「眞我」的人，對肉身是毫不掛心的；少了一條腿，就好像丟掉一把泥土那樣的輕鬆、不在意；無怪乎能有「逍遙」、「自在」的通化境界。

在佛家，以禪宗「明心見性」的頓悟法門，最能說明「眞我」為何。

曹洞宗的建立者洞山良价，是浙江會稽人，俗姓俞。幼時便出家做和尚，他的老師教他念般若心經。當他讀到「無眼耳鼻舌身意處」時，便突然用手蒙住臉問：

「我就有眼耳鼻舌等，爲什麼經中卻說沒有呢？」

老師對他的問題，不禁大為驚駭的說：

「我不配做你的老師。」④

後來他拜雲巖禪師為師，得到許多體悟；當他最後辭別雲巖時，雲巖對他說：

「自此一別，恐怕很難再相見了。」

洞山卻說：

「是難得不相見呢！」

臨別時，洞山又對雲巖說：

「在你離開世間後，如果有人問起關於你的情形時，我將怎麼回答呢？」

雲巖沉默了好一會，才說：

「就是這個。」

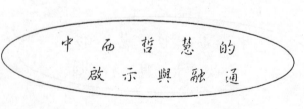

聽到這話，洞山沉思了一會，雲巖接著說：

「你須承當大事，自己要小心啊！」

於是洞山步上了行程，路上玩味著老師的那句：「就是這個。」途中，當他渡河時，偶然看到自己河中的倒影，使他突然徹悟了所謂「就是這個」的眞意，便把心得寫成了下面一首偈語：

「切忌從他覓，（千萬不要從外在找「自己」）
迢迢與我疏；（怎麼找都不可能找到）
我今獨自在，（現在我已找到「真我」）
處處得逢渠；（無處不見到「他」的存在）
渠今正是我，（「他」就正是「我」）
我今不是渠；（而水中可以見得到的「我」，卻不是「他」）
應須這麼會，（應該要這樣體會）
方得契如如。（才能感悟真正的「自己」）」

洞山此偈，是將生理的「假我」，和常樂我淨的「眞我」區隔開，使人能瞭解此中的悟境。

唐代黃檗禪師有一名弟子，是唐宣宗時代曾任宰相的裴休。有一次裴休買了一尊佛，跪求黃檗替它取名，黃檗叫道：

「裴休。」

裴休回答：「弟子在。」

黃檗便說：

「好了！我已替你取好了名字。」

在黃檗禪師看，佛（宇宙眞理的覺悟者）是「活」的，不是「死」的，裴休要找佛，當下就有，那就是「他自己」。六祖慧能禪師說：

「佛向性中作，莫向身外求。」（疑問品）

「自性迷即是眾生，自性覺即是佛。」（般若品）

陽明也說：

「聖人之道，吾性自足，向之求理於事物者誤也。」

「吾性自足」、「致良知」之理，是王陽明在九死一生、顚沛流離之中，以「大難」的磨練，「大悟」而來的：

「致知二字，是千古聖學之秘，……此是孔門正法眼藏，從前儒者多不曾悟到。」⑥又說：

「我此致知二字，實千古聖聖相傳一點滴骨血也。」⑦

王陽明自一五二二年起，無時無處不講致良知。他又以良知之教為心學，稱之為「古今人人的眞面目」。⑧

談到眞面目，禪宗五祖弘忍禪師二位弟子——神秀、慧能，在接掌其衣缽前所做的偈語，甚能表現出了悟自我的層次。神秀禪師所作為：

「身是菩提樹，心如明鏡台；
朝朝勤拂拭，莫使惹塵埃。」

弘忍禪師見到此偈，大失所望，因為神秀仍未超越生理、心理與邏輯的我，去見到自己眞實的本心自性。慧能隨後所作之偈為：

「菩提本無樹，明鏡亦非臺；
本來無一物，何處惹塵埃。」

這「本來無一物」講的正是人人的「眞面目」，「何處惹塵埃」

說的是「眞我」完全超越物質與現象束縛的本質。

五祖見到此語，隔天夜裏即將祖師衣砵傳給了慧能。一個人能徹悟自己的「本來面目」，當下就能與精神宇宙匯通融合，天人本一的眞實體驗立刻湧現，弘忍禪師稱之為：

「大丈夫、天人師（欲界、色界、無色界一切生命的老師）、真正的佛（真理覺悟者）」

所以陸象山先生說：

「學苟知本（了悟本心），六經皆我註腳。」

慧能禪師也說：

「三世諸佛，十二部經，在人性中本自具有。」

儒、道、釋三家典籍，所有在說「大根大本」的章句，其實就是這本心自性；若能眞正曉悟「眞我」，自可超然物外，逍遙縱横。

註釋

①吳經熊，禪學的黃金時代（台北：台灣商務印書館，民國七十九年八月，十六版），頁卅九。

②牟宗三，中西哲學之會通十四講（台北：台灣學生書局，民國七十九年三月），頁一一四——一一五。

③《傳習錄》上，《王陽明全書》㈠，頁三十。

④同註①，頁一六七——一六八。

⑤同註①，頁一七一——一七二。

⑥《寄薛尚謙》，《王陽明全書》㈡，頁一二五。

⑦《年譜》㈠，《王陽明全書》㈣，頁一二五。

⑧同註⑦。

東西方文化的「恕道」哲慧

所謂慈善並不是給人物質上的幫助，而在給他們精神上的支持。精神的支持，意味著不毀謗、不批評與待人寬容，尊重他們做爲一個人的價值，這就是「恕道」。

壹　基督宗教的「恕道」

最近有一幕代表「愛與寬恕」的感人短劇，在台北看守所溫暖的落幕。一個在酒後到KTV縱火，奪走十六條性命的死因，在受到被害人家屬的寬恕感召而徹底悔改，坦然面對死亡，在生命最後時間裡善加照顧身體，為的是留下健康的器官遺愛人間。

民國八十六年五月卅日，台北看守所召集受刑人觀看一部電影後，有人悄悄拭淚，有人激動不已。這部影片是長五十三分鐘的「回家」，述說的是四年多，台北市撫順街「神話世界」KTV縱火案，奪走十六條人命的兇嫌湯銘雄的告白。①

湯銘雄在看守所內原已對剩下的生命毫無留戀，曾三度自殺不成，一心只求速死，直到八十四年三月，被害人杜勝男的姐姐杜花明基於「要饒恕得罪你的人，神才會饒恕你」的想法，寫給了湯銘雄一封信：

「湯先生：在台北地院出庭時，別人恨你恨的咬牙切齒，我卻淌著眼淚，向上帝祈求給你一個悔過的自新機會，寬恕你的罪，……願用基督的愛來關懷你，與你一起流淚，成爲你最後人生的至誠朋友，……。」②

信中沒有絲毫怨恨，只有鼓勵。湯銘雄深受感動，此後，兩年多，二、三十封信，在領受到被害家屬的眞愛後，湯銘雄不再自暴自棄。特別是杜勝男母親在影片中，以魯凱族原住民語向湯銘雄表示，雖然在國家法律之前，他無法獲得赦免，但已獲得杜家的原諒，這段話使湯銘雄更激動難忍，希望爾後能以有限的生命，將感受到的愛再轉給別人；即使在死刑後，他也將捐出自己器官，遺愛人間。

從此，他在監所內省吃節用，每月固定捐出二千元來幫助別人；也在八十五年八月受洗為基督徒。有了宗教信仰後，他的性情急躁不安的等死，轉變為心懷感恩的人；積極把握生命中的每一刻，主動關心、勉勵獄友，把生活中感受到的喜樂，都分享給獄友；自從付出關愛後，他心中踏實很多，不再害怕死亡。

八十六年七月二十一日，湯銘雄臨刑前遺言表示，他內心十分感謝杜花明母女用慈悲寬恕的大愛原諒他，並引領他認識基督，來生他要傳道散播上帝的愛。他也希望大家能懂得寬恕與愛，只要多關心別人，對社會付出愛，許多悲劇就能避免。③

湯銘雄在杜家「安心地去吧」關懷聲中，雖然終被槍決了，但是原本是一場無窮無盡的血債怨恨，卻是愛與悔悟的動人結局。曾三度到台北看守所探監的杜花明接受採訪時表示：

「我只不過做了大家心中想做，卻不敢也說不出來的事。其實這是很簡單的事，寬恕敵人，並不是很困難。只要願意去做，一切都可以實現。」④

在基督宗教的聖經裡，「愛與寬恕」⑤是最根本也是最重要的教義。就「寬恕」而言，耶穌在聖經中就反覆提到：

一、你們饒恕人的過犯，你們的天父也必饒恕你們的過犯。你們不饒恕人的過犯，你們的天父也必不饒恕你們的過犯。（馬太福音，第六章）

二、要愛你們的仇敵，為那逼迫你們的禱告。（馬太福音，第五章）

三、恨你們的要待他好，咒詛你們的要為他祝福，凌辱你們的要為他禱告。（路加福音，第六章）

歷史學家湯恩比(Arnold toynbee)因此根據以上的基督教義，提出了他的看法：

「人類應效法神降生救人和受難事蹟所立的榜樣，以堅確的信念，盡自己全力去實行神的大愛榜樣。」⑥

無疑的，杜花明母女面對仇敵所表現的寬恕與祝福，正是將其宗教教義做了最圓滿的實踐與詮釋，也成為現代社會大愛榜樣的最佳典範。

貳　儒家的「恕道」哲學

儒家一如基督宗教，以「仁愛」為立教的基本精神，而仁愛的具體表現，就在於「忠恕」之道。

有一次，孔子向曾參說道：

「參哪！你應該能理解我一以貫之的大道吧！」

曾參答說：

「是的，我能明白！」孔子離開後，其他學生就問：

「究竟夫子講的一貫之道是什麼呢？」曾參說：

「夫子一以貫之的大道，其實就是『忠』與『恕』這兩個道理而已。」（里仁篇）

「忠」指的是敬人、敬事、愛人、惜物。「恕」則指氣度寬宏，律己恕人。就儒家而言，不論是「忠道」或「恕道」的工夫境界，都足以代表一個人在心性修持上的眞正成就。其中在「恕道」工夫上，宋代范仲淹父子及富弼就是極受人推崇的典型。

范仲淹學通五經，氣度寬宏，為官所得的俸祿，多用來資助各地窮讀書人，以及設置義田，供養族中貧困者，他曾表示自己的志願是「先天下之憂而憂，後天下之樂而樂。」受他幫助而後大有成就的儒者有孫復（泰山）、胡瑗（安定）及張載（橫渠）。

范仲淹寬厚過人，他的幾個兒子都深受影響，無論為官治學，都卓然有成，而且品行醇厚，至誠感人。其中次子范純仁最能繼承家學，雖位至宰相，仍生活廉儉；俸祿所得，大多用來擴充義田，賑濟貧弱。雖幾次遭權臣攻擊，但依舊以忠恕待人，絕不記恨；他曾說：⑦「我平生所學，便是忠恕兩字，這兩字我一生都受用不盡。」

范純仁常教訓子弟，要「以責人之心責己，以恕己之心恕人」，因此范氏的家風，能傳承八百年不衰。

范仲淹弟子中，最有名的是富弼，他自小就專心學問，度量很大。有人罵他，他裝作沒聽見，如果有人告訴他，他便說：「恐怕是罵別人吧！」那人說：「他罵出你的名字呢！」富弼便說：「你知道天下沒有跟我同名同姓的人嗎？」後與文彥博一同出任宰相，卒年八十清儒曾國藩說過：「善莫大於『恕』」。⑨呂坤亦云：「責人到閉口捲舌，面赤背汗時，豈不快心？然淺隘刻薄甚矣。」⑩

從儒者來看，「恕」不僅是一個人的至善美德；它的積極意義，在於「寬以待人，嚴以律己」。換言之，「恕」能使人不向外爭勝計較而眞正「反求諸己」，改過進德，正如儒者朱樹新云：「責人時，須想著『人非聖賢，孰能無過？』，律己時須想到『細行不矜，終累大德。』」⑪

叁 佛家「愛與包容」的哲慧

慈濟功德會台北分會會員簡春梅女士，十年前遭陌生人潑硫酸毀容，卻幸運的遇見慈濟人林琬華女士（本身罹患口腔癌，然發願盡全力幫助每一個受苦的人，重新認識生命，尊重生命）出錢協助整容、看護。受過林女士多年愛心的關懷與鼓勵，簡春梅後來開始不斷參與慈濟事務，參加各項義賣、募款活動，儘管有張火紋的臉，卻是慈濟人眼中「最美麗的菩薩」。⑫

因為行善，重新認識了生命，簡春梅早已原諒了曾潑她硫酸的陌生人，連她的家人也跟著加入慈濟，用愛和寬容去看待人生。四年前，簡春梅父親被一名大學生開車撞死，她苦口婆心的勸家人原諒這個年輕的男孩。如今，不但全家不記恨，簡春梅的哥哥還收了這個男孩做乾兒子，因此為哥哥說：

「只有這樣，才不會讓這個孩子因爲一時疏忽，心中留下一輩子的陰影。」⑬

這又是一則類似杜花明母女「大愛與寬容」的動人佳話，令人深感溫暖芳馨。

證嚴法師有句話說的好：

「生氣，就是拿別人的過錯來懲罰自己，原諒別人就是善待自己，心中應常存善解、包容、感恩、知足與惜福。」⑭

佛家的「寬容」，來自於教義中的「慈悲道」。索甲仁波切(Sogyal rinpoche)在「西藏生死書」(The Tibet Book of Living and

Dying)就提到佛家為修習慈悲的「施受法」（意為給予和接受）。⑮任何一個佛教徒都必須藉著「施受法」，透過慈悲來承擔一切眾生的各種身心痛苦；同時透過愛心把我們的快樂、幸福、安祥、治療和成就給予他們。而終極目標，正如哲卡凡格西上師(Geshe Chekhawa)所說：

「把一切的利益和好處給別人，
把一切的損失和失敗由你自己承擔。」⑯

佛家以為，一個人的慈悲愈強，他的眞性、勇氣、信心與喜悅就愈強；因此慈悲反而是自己生命中最偉大的資產和保護力量。受益最大的人，其實正是我們自己。

俄國大文豪托爾斯泰(Lev Nikolaevich Tolstoy, 1828-1910)在其晚年所著「托爾斯泰三六六日金言」中，曾有這麼一段話，最足以註解以上東西方「愛與寬容」的精神文化：

「若看到鄰人犯罪，便以嫉惡如仇爲藉口，而對鄰人抱憎惡之情，那麼他就不是一個眞正具有慈悲的人；也就是說他眞正並不具備以對神的愛爲基礎的慈愛，因爲由神而產生的一切都該是和平親切的，而且讓我們醒悟的。」⑰

註釋

① 吳志雲，「神話大火案」，聯合晚報，民國八十六年六月十二日，三版。

② 雷鳴，「湯銘雄最後禮拜」，聯合報，民國八十六年七月十九日，七版。

③ 雷鳴、唐復年、陳燕模、高年憶連線報導，「湯銘雄槍決」，聯合報，民國八十六年七月二十二日，三版。

④ 溫筆良，「寬恕敵人並不是很困難」，聯合報，民國八十六年七月二十二日，三版。

⑤ 基督宗教以為，上帝的旨意，就是希望天國能出現於天上與地下，使神的世界與人的世界合而為一。因此其「外王」的理想，就是「地上天國的早日實現。至於實現「地上天國」的重要德行就是「愛」。「愛」這字在新約中被引用了一百五十九次（而「慈善」一詞在新約中，幾乎與「愛」同義地被引用了八十三次）。

「愛」是新約聖經的中心思想，也是耶穌教訓的主題；基督宗教不但是愛的宗教，其倫理也是愛的倫理，「愛」是整個基督信仰的里程碑。新約中首揚愛的旗幟者即耶穌本人，將一切法律誡命歸結於「愛人如己」的團契關係(fellowship)；耶穌所主張的「愛人如己」可以分為幾個層次：

第一，人應該自我完善。「若是你的右眼叫你跌倒，就剜出來丟掉，寧可失去百體中的一體，不叫全身丟在地獄裏。若是右手叫你跌倒，就砍下來丟掉。寧可失去百體中的一體，不叫全身下入地獄。」（馬太福音，第五章）

第二，應該嚴以律己，寬以待人。耶穌說：「為什麼看見你弟兄眼中有刺；卻不想自己眼中有梁木呢？你自己眼中有梁木，怎能對你弟兄說，容我去掉你眼中的刺呢：：先去掉自己眼中的梁木，然後纔能看得清楚，去掉你弟兄眼中的刺。」（馬太福音，第七章）

第三，應該寬恕人。「你們饒恕人的過犯，你們的天父也必饒恕你們的過犯。你們不饒恕人的過犯，你們的天父也必不饒恕你們的過犯。」（馬太福音，第六章）有一次彼得問耶穌說：「主阿，我弟兄得罪我，我當饒恕他幾次呢？到七次可以麼？」耶穌說：「不是到七次，乃是到七十個七次。」（馬太福音，第十八章）

第四，要忍耐。「不要與惡人作對，有人打你的右臉，連左臉也轉過來由他打；有人要拿你的裏衣，連外衣也由他拿去。」（馬太福音，第五章）

第五，要愛仇敵。「要愛你們的仇敵，為那逼迫你們的禱告。」（馬太福音，第五章）「恨你們的要待他好，咒詛你們的要為他祝福，凌辱你們的要為他禱告。」（路加福音，第六章）

第六，從愛仇敵，進而反對暴力反抗。耶穌被捕時，有一個門徒拔刀反抗，他說：「收刀入鞘吧，凡動刀的，必死在刀下。」（馬太福音，第二十六章）耶穌被捕後，羅馬巡撫彼拉多審問他時，他回答說：「我的國不屬這世界。我的國若屬這世界，我

的臣僕必要爭戰，使我不至於被交給猶太人。只是我的國不屬這世界。」（約翰福音，第十八章）

只有做到上述這些要求，才能達到「博愛」的最高層次——「愛人如己」。耶穌自己以身作則的說：「我是好牧人，好牧人為羊捨命。」（約翰福音，第十章）「我怎麼愛你們，你們也要怎麼相愛。」（約翰福音，第十三章）「人子來不是要受人的服事，乃是要服事人。」（馬太福音，第二十章）所以，服務社會、造福人群，就成為基督宗教的重要宗旨。

所謂「愛人如己」，乃在於視他人為一完整人格之存有，尊重其如實具存之生命價值。唯有在生命之愛的內在體驗中，人才能掌握價值實相，正確了解生命本質。人對人的愛是由生命自發的行動，其本身即是一種價值與目的。而在整本聖經中，愛，是貫串新舊內容的靈魂要素，「愛人如己」的積極精神性(spiritual)價值觀，賦與聖經教義超越義理辯正與倫理規範的內涵。基督教義中，宇宙主宰之創生、救贖，或審判行動，必須從愛的生命觀點詮釋，才能得知其眞義。而生命有其源頭，有其本質及表現，三方面均與愛的理念密切相關。新約中的愛不僅與終極存有具有生命之聯結關係；而生命之深層意義，亦須表達在愛的行動裡；最終使其顯現於世人生活之中。

⑥ 傅佩榮，中國思想與基督教之會通，中國文化月刊，第五期，民國六十九年，頁一二四。

⑦ 楊祖漢，宋元學案（台北：時報文化公司，民國七十二年十一月），頁三四。

⑧ 同註⑦。

⑨ 國學出版社編輯部，修身語錄（台北：國學出版社，民國六十年四月），頁六八。

⑩ 同註⑨，頁六七。

⑪ 同註⑨，頁四四。

⑫ 邵冰如，「大痛與大愛」，聯合晚報，民國八十六年八月九日，四版。

⑬ 同註⑫。

⑭ 證嚴法師，靜思語錄。

⑮ 索甲仁波切提到佛教施受法的法門有五個階段：

一、在你開始修這種法門之前，先靜靜地坐下來，把心帶回家。然後，利用任何你發現能啓發你和幫助你的方法，深入觀想慈悲。啓請一切諸佛、菩薩和覺者示現，透過他們的啓示和加持，在你心中產生慈悲。

二、儘可能清晰地想像一位你關懷他而正在受苦的人在你前面。試想想像他的痛苦和悲傷，越仔細越好。然後，當你覺得你的心對他產生慈悲時，想像他的一切痛苦完全呈現，聚集成一大股灼熱、污穢的黑煙。

三、現在，當你吸氣時，觀想這股黑煙在你心中的我執從心中消散了。在那兒，它完全摧毀了「我愛」的一切痕跡，並因而淨化你的一切惡業。

四、現在，當你的「我愛」被摧毀之後，想像你的菩提心充分顯露出來了。然後，在你呼氣時，想像你用一種明亮而冷靜的光送出菩提的安祥、喜悅、快樂和最高幸福，給你那位痛苦中的朋友，它的光芒淨化著他的惡業。

誠如寂天菩薩所說的，在這兒有一個景象很有啓發性，那就是觀想你的菩提心已經把你的心或你整個身體，轉化成一顆閃閃發光、有求必應的如意寶珠，能提供每個人所需要的一切，滿足每個人的願望。眞正的慈悲是如意寶珠，因為它有能力提供每一個眾生最需要的東西，解除他們的痛苦，並實現他們的眞正願望。

五、這時候，想像你菩提心的光流向那位受苦的朋友身上，你必須有強烈的信念，他的一切惡業都被淨化了，同時他因為解脫了痛苦而獲得深度、持久的喜悅。

然後，當你繼續正常呼吸時，隨著吸氣和呼氣持續積極地做這種修習。

對一個受苦中的朋友修施受法，可以幫助你擴大慈悲的範圍，去承擔一切眾生的痛苦和淨化他們的業障，並且把你的快樂、幸福、喜悅和安祥給予他們。這是施受法的殊勝目標，就廣義來說，也是整慈悲道的目標。以上引自索甲仁波切，西藏生死書（台北：張老師文化公司，民國八十五年九月，卅九刷），頁二六一——二六三。

⑯ 同註⑮，頁二四八。

⑰ 托爾斯泰著，梁祥美譯，托爾斯泰三六六日金言（十——十二月）（台北：志文出版社，一九八九年七月），頁一四二。

東西方文化的「心靈改革」

一個人帶著寬宏美麗的心，他便經常是平安而滿足的；心地狹小的人則總是不滿足且悲哀。——滿洲諺語

近來，台灣不論在政壇或民間，最流行的一句話就是「心靈改革」。「心靈改革」顧名思義指的是心靈的淨化，人格的提昇，氣質的變化。這正是東西方文化、宗教最為核心，也最受重視的「修身（心）工夫」。

以儒家而言，修身工夫，在反求諸心，反求諸性，不為物遷，不為欲動，務使本心、本性寂然不動，自能感而遂通，渾然與天地萬物為一體，而此心與天心，亦渾然無別。這種工夫，不僅儒家，凡東西方修持有成之聖賢君子，均能了悟此神驗境界，並非虛語。

當然，現代社會的一般人，對於傳統文化「天人合一」這種修身

化境，早已陌生到不可思議的地步。但是，從過來人的體驗來看，心靈淨化祇要持恆涵養，最少可以獲得十種重大利益：

第一、和諧的人際關係

修身講求懲忿窒欲，以仁、誠待人，以忠、恕敬人；而人際關係的成功，在於尊重、關懷、眞誠、包容與讚美，兩者不謀而合。因此，心靈改革工夫的深淺，與人際關係的好壞適成正比。根據報載，民國八十六年五月，台南有位張姓婦人，因二歲女兒哭鬧不止，在喪失耐性下，竟情緒失控，將女兒掐死。①一個無法控制自己脾氣、情緒的人，別說什麼人際關係，就連自己親生女兒也活不下去。

第二、能贏得別人的信任

儒家「大學」「釋誠意」中云：「誠於中，形於外」；佛家則云「相由心生」；一個人意識、心思，很容易在行為，表情的「相」上，被人感覺出來。在西方，以修身嚴謹著名的美國政治家富蘭克林（Benjamin Franklin 1706—1790）在他的自傳中曾寫道：

「我的後裔應當知道，他們的祖先活到今年七十九歲，一生快樂幸福，完全歸功於那修身計劃，蒙上蒼庇佑，獲得成功。……我想這應該使年輕的後生們相信，世上能使窮人致富的，莫過於誠篤和純厚。」②

英國女王伊莉莎白一世(England's Queen Elizabeth，1533—1603)也說過：「一張善良的面孔，就是最好的推荐。」(A good face is the best recommendation)③修身有成之人，終究容易得到眾人的信賴與稱許，也更容易在事業上獲得成就。

第三、能獲得生命的悅樂

有修養工夫的人，基本上可以體驗到兩種悅樂，即莊子所說「與人和者，謂之人樂；與天和者，謂之天樂。」④「人樂」主要是從「行仁」而來(如道家講「慈」，佛家講「慈悲」，基督宗教講「愛」)。「天樂」則是達到「天人合一」、「萬物一體」境界的悅樂，孟子云：「萬物皆備於我矣！反身而誠，樂莫大焉！」⑤莊子說：「古之得道者，窮亦樂，通亦樂，所樂非窮通也。」⑥而禪宗的大樂，莫過於「明心見性」的「開悟」之樂。基督宗教則以「天天月月都是上帝的，因此都是好日子」⑦而滿心悅樂。不論是「人樂」或「天樂」，都源自本心與整個宇宙源頭相合相知所得，此樂無他樂可以比擬。

第四、能得好子孫

依古人說法，一個人有三種性—天性（善的，自天生而來，孔孟「人性本善」指此性）、稟性（惡的，自父母遺傳，荀子「人性本惡」指此性）、習性（可善可惡，自環境中學來，告子「近朱者赤，近墨者黑」指此性）。⑧一個人若要得「天爵」（天的賞賜，孟子語）⑨，得先從淨化心靈來「化性」，必須要心存天性，化去稟性與不良習性，才能得福。而男人化性叫「天清」，女人化性叫「地寧」。「天清」、「地寧」的夫妻生出的孩子賽神童。過去中國歷代帝王修建的北京紫禁城，特別把皇帝的寢宮叫「乾清宮」；皇后的居所叫「坤寧宮」，就是希望歷代皇帝、皇后都能乾清、坤寧（修心化性），生養傑出的皇儲，造福萬民。

第五、有卓越的德行服務社會國家

「大學」首章明白的說道「物格而後知至（按陽明說法，「格物」的第一義是格除物欲。「致知」是致良知），知至而后意誠，意誠而后心正，心正而后身修，身修而后家齊，家齊而后國治，國治而后天下平」。換言之，治國、平天下的基礎，始於「格物欲，致良知」的方寸之間；透過循序漸進的心靈進化過程，我們就能「宜兄宜弟，而后可以教國人」。⑩最終達到「以正天下」的理想。

第六、能得鬼神的庇佑

我們如審視東西文化主流思想，會發現沒有一個不談鬼神。如儒家鬼神觀，即遍存於「禮記」、「易傳」、「中庸」、「論語」、「詩經」之中。「禮記」祭義篇就說，神鬼流行天地，與管四時與萬物變化，並有掌天理，行天命之職責。故宋朝曾三任宰相的呂蒙正在其「勸世文」中說：

「天地有常用，日月有常明，四時有常序，鬼神有常靈。」明儒洪自誠「菜根譚」一書亦云：

「一念能動鬼神，一行克動天地。」⑪荀子更說過：「為善者，天報之以福，為不善者，天報之以禍。」事實上，東西方各家均以為，鬼神負有天命，職司獎善懲惡的工作，對人的吉凶禍福頗有影響。

第七、會有安祥的善終

每個人終究都有一死，但是究竟是如何的死？佛家提出「相由心生」的答案，亦即希望自己能有安祥的死亡，就心須平日修持出一顆安祥的心；暴躁、仇恨、忿怒的心，是不可能在安祥的「相」中死亡的。達賴喇嘛更進一步表示：

「在死亡的瞬間，如果我們努力產生善的心態，我們還是可以加強和激發善業，因而造成快樂的輪迴。」⑫

這也就是說，一個人不論生或死，一顆安祥慈善的心，將會關係到自己「相」的好壞結果。

第八、能改變自己的命運

孔子曾說：「不知命，無以為君子也。」⑬這裡的「命」指的是「天命」（率性修道的命令）；但是人配合「天命」的實踐，修養出善心誠意，也可以改變原本的「氣命」（運氣與禍福）。書經上即說：「作善降祥，作不善降殃。」左傳也講：「禍福無門，唯人所召。

」這正是「易經」上所謂的「吉凶消長」。儘管一個人的「氣命」有「先天的定數」；但是這些定數皆源自於心，祇要心能力轉為善，就會改苦報為樂報，產生「後天的變數」。

第九、能使家人超昇

我們常聽俗話說「一人得道，九祖昇天。」或「一人得道，雞犬昇天。」換言之，一個人能修身得道，不僅祖先，子孫能獲得超昇；就連家中的動物，都可以得到解脫。根據佛典記載，釋迦牟尼在菩提樹下悟道成佛後，為報答母恩，特地前往欲界忉利天（第二天），去為母親摩耶夫人說法，使其開悟證道，共得圓滿。而他的家人後來也有許多人因此而受教證道。

第十、能到光明的世界

東西一致重視修身的根本原因，就在於相信人死後仍然存在。否則，人若一死就煙消雲散，又何必辛辛苦苦修成聖賢，追求「上下與天地同流」呢？（孟子・盡心上）張載就說過：「聚亦吾體，散亦吾體，知死而不亡者，可與言性矣」⑭。程顥也說：「死生存亡皆知所從來，胸中瑩然無疑，止此理爾。：：死之事即生是也，更無別理」⑮這説明死就是新生的開始，但在那裡新生呢？孟子的答案顯然是修養自己到仁義感天，神妙莫測的地步，就能「與天地同流」，就能置身於一個至善光明的世界。

「心靈改革」四字，從東西方文化歸約起來，指的就是修身（心）工夫。就儒家說法，修身是我們每一個人到世界來的「天命」，上天命我們在塵世間學習一切美善的德性，直到最圓滿喜樂的地步（止於至善）。既然這是「天命」，「詩經」就建議我們「永言配命，自求多福」。而從本文看來，修身這個「天命」，最少可以讓我們獲得十種天福，何不樂為呢？

註釋

① 洪榮志，「掐死女兒，婦女判刑七年二月」，中國時報，民國八十六年五月廿日，第十八版。

② 政治作戰學校訓導處編，訓育專書（台北：復興崗印製廠，民國五十六年七月），頁七。

③ 艾老編譯，智慧的結晶，（台北：中央日報出版部，民國七十九年三月），頁九。

④ 莊子，天道篇。

⑤ 孟子，盡心上。

⑥ 莊子，讓王篇。

⑦ 天主教教宗若望第廿三世，因全心全意奉侍上帝。他的看法是：「天天月月都是上帝的，因此都是好日子。」一九六二年耶誕他說：「我已活了八十二歲，我得走完這人生的旅途，天天都是出生的好日子，也都是大歸的好日子。」臨去世時，看到親友在哭

泣，他要他們高唱聖母瑪利亞的歡喜歌，並說：「振作起來，這不是哭泣的時刻，而是快樂與榮耀的時辰。」他也安慰他的私人醫生說：「教授，別傷心，我的行囊一直收拾妥當，大限一到，我是不會耽擱的。」引自吳經熊，內心悅樂的源泉（台北：東大圖書公司，民國七十二年三月，三版），頁廿四。

⑧ 民國初年，熱河省朝陽縣有一位被尊為「聖者」的王鳳儀老先生，王老先生雖讀書不多，但天性惇厚孝悌。最難得的是，他聽到或看到任何好的道理或善行，都會去身體力行；時間一久，竟然化性成道，影響了許多人追隨他虔修聖學。王鳳儀自此以後，就到東北各省辦義學，成立道德會，四處說經講道（說四書五經，講天地道理）；不但名噪一時，聲光萬丈，同時更教化無數眾人，培養眾多人才，對國家社稷的貢獻至深且遠。七十三歲時（民國廿七年）安祥而終，自動送葬的官民學生，行列長達十幾里，其道德行誼感人之深可見一斑。後來王鳳儀講道的精華，經學生整理後，編成「修道指南」一書傳述國人。此處有關人同時有天

性、稟性、習性三性，正是他獨特體悟的道理。請參閱鄭子東，人生圓滿的途徑（台中：天眞佛堂印經會，民國七十六年四月），頁五十。

⑨ 孟子，公孫丑上。

⑩ 大學，釋齊家治國。

⑪ 洪明誠，菜根譚（台中：天眞印經會，民國七十七年十一月），頁一〇四。

⑫ 饒仁琪，「輪迴話題大熱賣」，聯合報，民國八十三年三月十六日，第三十四版。

⑬ 論語，堯曰篇。

⑭ 「正蒙・太和」篇。

⑮ 「遺書」第二上。

中西文化的「求福」之道

無論命運之手對我們是否殘酷，我們都可以把人生的每一刻過得幸福——就是在生活中常存善心善念；對具有理性的人而言，這是真正的財寶。——李希登堡（Georg Christoph. Lichtenberg）

知名的恆述法師最近在主持第四台的「橫豎人生」節目裡，談到了一封年青朋友的來信，信中說他曾經考大學兩次都落榜，心中十分沮喪；同時，他的母親也因為得了怪病，經過各大醫院診療均無效果，使家人憂心如焚。他曾經為了母親的病，跑遍許多許多聞名的寺廟，結果病情依然毫無起色。有一天，他做了一個夢，夢見有位神仙告訴他說：「你求神明保佑母親身體健康的心意，雖然神明們都很了解，但是我們查過了你家，發現你們家並沒有積什麼善德，所以沒有辦法降福給你們；其實，最好獲得賜福的方法，就是你們要積善行福。

」

第二天早上醒來，整個夢依然清晰完整，他就開始思索，自己家境清苦，根本沒有餘錢去做積善德的義舉，心裡正在納悶之際，正好經過一部捐血車；一見此車，他突然想到，自己雖然沒有錢去作佈施，但是卻有健康的身體，可以捐血幫助別人。於是立刻上車捐輸；此後他就成了快樂的捐血義工，不但自己定期樂捐，也鼓勵周邊的家人、朋友大家一起來。一年以後，有一次他的母親在一個很偶然的情況下，得到了一張治病的藥方，服用該藥後，竟然病情逐漸好轉，最終完全康復；而他也同時在那一年考上了大學。經過了這樣一段奇異的人生經歷，他決定寫一封信給恆述法師，讓更多的觀眾朋友一起來分享自己勤積陰行（別人不知道的善行）獲得享福報的親身體驗。①

這位年青朋友的際遇正如「書經」所說的「至誠感神」；也如「淮南子」所云：「有陰德者，必有陽報，有陰行者，必有昭名。」孔子在「中庸」也曾舉過舜受天賞為例：

「舜真是大孝之人，論他的道德，已做到了聖人；論他的尊貴，已做到了天子；論他的財富，已擁有整個天下，死後還有宗廟祭祀他，子子孫孫永遠保有這個祭禮。所以有大德行的人，必定得到最尊貴的地位；必定得到最豐厚的福祿；必定得到最高的名聲；也必定得到最長的壽命。因爲天地萬物，一定就其材質而更加薄厚。所以可栽培的就加以培植，傾危的就將他推倒。詩經上說：『善樂的君子有崇高的美德，既能撫育萬民，又能善任百官，因而接受上天的降福，領受上天的庇佑，命他爲天子。而另又賜福給他。』因此有大德行的人，一定受天命爲天子。」②

從東西宗教哲學的通會來看，一個人不論是涵養不為人知的道德（陰德），或做了不為人知的善行（陰行），都能感動天地鬼神，而獲得報賞或肯定。儒家在「禮記」、「易傳」、「中庸」裡，都明確提到這一點，如「鬼神害盈而福謙」③；「質諸鬼神而無疑」④。另如道家莊子「通於一而萬事畢，無心得而鬼神服」⑤；墨子「鬼神之明必知之，鬼神之罰必勝之。」⑥佛教講述鬼神賞罰庇佑的經典故事，更是多不勝數。如「銀色女經」即記載四天王天對人類重大善行或惡行必須報告帝釋，帝釋為取決公允，更自己下降察訪。⑦有趣的是，西方的基督宗教也有相同的說法，馬太福音說：

「你們要小心，不可將善行在人的面前，故意叫他們看見；若是這樣，就不能得你們天父的賞賜。所以你施捨的時候，不可在你前面吹號，像那假冒僞善的人，在會堂裡和街道上所行的，故意要得人的榮耀；我實在告訴你們，他們已經得了他們的賞賜。你施捨的時候，不要叫左手知道右手所作的；要叫你施捨的事行在暗中，你父在暗中察看，必然報答你。」⑧

從右述可以證明不論東西方文化，都明白揭示了天地鬼神對於陰行、陰德必予獎賞的道理。一般的說，鬼神所欽仰的「陰行」，是指常人沒看見或不知道的善行（可見可知的善行須視此人動機而定，但總不及陰行之善的功績來的大）；而「陰德」是指修養了潔淨圓滿的道德，常人或許不知，但鬼神卻沒有不知曉的。清儒王永彬「圍爐夜話」云：

「孝子忠臣，是天地正氣所鍾，鬼神亦爲之呵護。」

明朝隱士洪自誠在「菜根譚」書中也說：

「一念能動鬼神，一行克動天地。」

根據明代天啓年間實司少卿（相當今日總統府國策顧問）袁學海「了凡四訓」一書的記載：

明朝英宗時期，福建倡亂，百姓從賊者很多，朝廷派佈政司謝都事，搜殺東路賊黨，謝恐濫殺無辜，因此先設法取得賊黨名冊，凡沒有參加匪黨組織的人，即暗中給予白布及小旗，教他們在官兵進城時，插旗於門首，並警戒士兵不得濫殺無辜，因此救了萬人的性命。後來謝之子孫有中狀元，當宰相，中探花：：滿門得享富貴。⑨

謝氏一家的興旺，是由於「陰行」大的緣故；至於「陰德」大而受賞者，袁學海亦舉了一例：⑩

江陰有張畏巖，其人博學多才，頗有盛名，甲午年參加考試，結果名落孫山，惱羞成怒，竟然大罵考官有眼無珠，當時有一道人在旁微笑，張君卻又遷怒此人。

道人就開口說：「必是你的文章不好！」

張盛怒說：「你又沒見我的文章，怎知不好？」

道人說：「聽人家說，寫文章必需心平氣和，現在看你破口大罵的樣子，心極不平，氣極不好，怎麼可能寫出工巧的文章呢？」

張君不知不覺就屈服，轉而請教道人。

道人說：「考試也靠命運，命不該中，花再多的時間也無用處，必需先改變自己。」

張問：「既然是命，又將如何改變？」

道人說：「造命在天，立命在人，本立而後道生。力行善事，廣積陰德，則人生沒有什麼求不到的事。」

張問：「我是貧窮之人，如何行善積德？」

道人說：

「善事陰德，都由心造，常存善心待人接物，則功德無量。譬如謙虛的修養風度，並不用花錢，你爲何不反省，責備自己不夠博學，不夠用功，而只責怪考官呢？」

張君從此猛然醒悟，即刻日日行善，時時積德，到了丁酉年，有一次夢見了自己走到一棟高樓裡，檢到了一本開榜的名錄，但榜上卻有許多擦掉的空格，他好奇的問身邊的人說：

「這是什麼名冊？」

旁人答：「是今年科舉錄取的名冊啊！」

又問：「為何又刷掉了那麼多人呢？」

旁人答：

「陰間三年就校正一次，須積德與無惡之人，才能榜上留名，空白處被擦掉之人，都是本年榜上有名，因爲剛作了刻薄的惡行，而被刷掉的。」又說：「你三年來謹愼修身，可能會補得此缺，應該自愛。」

此年張君果然考取了第一〇五名進士。

孟子曾云「順天者存，逆天者亡」，積累陰行、陰德正是在「順天之仁」，「彰天之善」，這才能如老子所說「天道無親，常與善人」⑪獲得天地鬼神的庇蔭賜福。

大文豪托爾斯泰說：

「默默行善吧！不用刻意想讓別人知道。但你所行的善，即使你想忘掉它，它也絕不會消失。行善是達到幸福狀態的唯一可靠的方法。」⑫

總的來說，東西方文化一致指出了，人若能涵養擴充自己的道德，並能作到時時存善心，日日行善舉，自然就能感動天地，幸福無窮。

註釋

①恆述法師，「橫豎人生」節目，TVBS電視公司製作，民國八十六年元月十五日。

②見「中庸」，第十七章。

③易經，謙卦彖辭。

④見中庸，第廿九章。

⑤莊子，南華經，天地篇。

⑥墨子，明鬼篇。

⑦大藏經，第三冊。

⑧馬太福章，第六章，第一—四節。

⑨袁學海，了凡四訓（台北：財團法人佛陀教育基金會，民國七十九年九月），頁一二九—一三一。

⑩同註⑨，頁二二九—二三二。

⑪老子道德經，七十九章。

⑫ 托爾斯泰著，梁祥美譯，托爾斯泰三六六日金言（台北：志文出版社，一九八九年七月），頁二〇六。

儒家「不動心」與「坐忘」的聖學工夫

人心，就是天心，而天心從不動搖。人若要像天，就必須要心定如天。

壹 陽明的「不動心」

明儒王陽明有一次與朋友同遊鎮南關（廣西省境内），其中有一位朋友指著路邊的花對陽明說：

「你說天下萬物沒有一件東西能夠在我心之外，現在你看這朵花在深山中自開自落，這和我的心有什麼關係呢？」陽明回答：

「你沒有看這朵花的時候，這朵花從沒在你的心上出現過，今天你來看這朵花時，花的顏色形態，才在你的心上清楚的顯現，可知這朵花是由你的心所生出的。」①

陽明從「心生出一切」，點出「心本不動搖」這段話，看似平淡無奇，卻是歷代思想家窮其畢生精力，才證悟的珍貴哲理。

這其中含有二個重要的意義：

第一，我們的心，就像陽明所說，如同一面鏡子，鏡面上雖然可以顯出萬物，但鏡子本身根本寂然不動。歷代修心有成的聖哲，因體會了「心本不動」的道理，即使面對紛煩的萬事萬物，仍能處於「息心寂念」的高明境地。

第二，一個人在「息心寂念」之中，會發現一種靈明的智慧，這種智慧又叫做「天地之心」、「宇宙意識」、「最純淨的愛」、「全思想」、「神」、「佛」。它是宇宙的源頭，是生命的源頭，是一切的源頭，除了這個源頭，沒有其它的源頭。

在整個宇宙之中，所有生命的本心都是不動的，因此它們被稱作最逍遙自在的「最高存在」；因此若要成神，成佛，我們必須重新找回自己亙古不動的本心。「不動的本心」既是我們的慧命根源，回天大路，陽明因此特別強調「修身惟制心一處，餘事莫辦」勉勵後學。做為切望修身者的省察箴言。

貳　顏回的「坐忘」境界

在大學經一章裡，我們常常讀到「知止而后有定，定而后能靜，靜而后能安，安而后能慮，慮而后能得。」②的句子，但究竟什麼是「知止」的眞正涵意？什麼又是「定」的眞實境界呢？對於這個疑惑，顏回曾有過一次實地的修證：③

顏回有一次去稟告孔子說：

「老師！我最近修身已經有進步了！」孔子說：

「你有怎樣的進步呢？」顏回答：

「我已經能把妄念俗見丟掉了。」孔子說：

「是有進步，可是還不夠，再去體會！」過了幾天，顏回又來見孔子說：

「老師！我又進步了。」孔子問：

「怎麼進步呢？」顏回說：

「我已經能不計較外物的順逆與得失了。」孔子說：

「是有進步了，可是還不夠，再去體會體會。」過了幾天，顏回又去見孔子說：

「我又進步了。」孔子問：

「怎麼進步法呢？」顏回說：

「我已經到達『坐忘』了。」孔子疑惑的問：

「什麼是『坐忘』？」顏回說：

「『坐忘』就是不感覺身體的存在，不需要平常的聰明才智，能忘卻形體，離開知識，同於無形大道的感覺就是『坐忘』！」孔子說：

「人能合於大道，就沒有私慾，言行融於天理，就能隨萬物的變動而合宜的應付，你真是一個賢者呀！讓我也跟你學習這種『坐忘』的妙境吧！」

顏回能得到「忘形離知」的體悟，其涵養方法，實際上和老子所說「為學日益，為道日損」④（求學目的，在於每天增廣知識，求道的目的在每天減少妄念）如出一轍。這種「忘」形體、「離」知識的體驗，正是「經一章」「知止」兩字的最佳詮釋，也是「定」的實證境界。

從前在一座深山的廟裡，住有一位老和尚和小和尚，老師父平日極力教導小徒弟絕對不可以接近女性。有一天，師徒兩人下山化緣，途中經過一條河，看見一位姑娘因河水太深無法渡過而著急，老和尚於是背著她安全的過了河；幾天以後，小和尚帶著幾分疑惑向老和尚說：

「師父！你平日一再要我絕對不能接近女性，可是爲什麼你在幾天前，卻可以背那位姑娘過河呢？」

老和尚說：

「奇怪！那位姑娘我在背她過河以後就把她放下來了，怎麼到今天，你還把她背在身上？」

小和尚聞言，若有所悟，對於平日師父教導的「心生一切生，心滅一切滅」的涵意有了新的體認。「心滅」一意，其實與「坐忘」並無二致。都是在求回歸寂靜的本心，離開人為意識的污染。

其實，有「坐忘」工夫的人會發現，坐忘可以生出「定力」，也可以體驗到本心「一無所求」的悅樂；而這種定力與無求的悅樂，很可以給現代人一些省思：

第一、我們妄動的心，習慣隨著外物而起伏；例如聽到讚美就會高興；遇到批評，就生怨恨；讓自己的心，不斷在快樂和忿怒間起伏，這好比整天在天堂和地獄之間，轉去轉回；對於外境順逆，毫無對治能力。不僅自心的定力喪失殆盡；也無法享受持恒的心靈悅樂。

第二、社會愈進步，人類就愈趨向於物化，也離本心的自然簡樸愈來愈遠。過多的物慾，祇會使自己精神浮華空虛，與他人之間產生更大的疏離；所以有智慧的人懂得隨時讓自己處在不動本的心之中，體驗生命「一無所求」的本然之樂。

西藏已故思想家圖敦耶席喇嘛對常人「不認識本心」的通病，曾有以下一段引人深思的談話：

「我們二十世紀的人類，似乎一直在跟『自然』作對，跟『真實』作對，我們無時無刻不在建造一個不自然的、受污染的自我，違背了自己的本來面目，像用厚重的毛氈來一層層的覆蓋自己，還說『這就是我！這就是我！』。因爲接觸不到自己的真實，現代人的生活變的非常複雜。我更要指出的是，你日常生活中所呈現的每一種現象，其實只是你心靈虛幻的投射而已；你自己的心靈塑造了它，而且變成你接觸『真實』的障礙，如果你無法停止你心靈投射，災難便不會停止；即使你到深山裡去修道，可是你無法停止你心靈投射，災難便不會停止；即使你到深山裡去修道，可是你仍然帶著『自我』跟著你走，那還是災難，因爲整個世界仍然跟你一起到深山裡。」⑤

這是一個明心見性的「過來人」，以嘔心瀝血的體證，給世人的晨鐘暮鼓。

參　聖學功夫貴在實踐

齊桓公有一次在書堂上大聲的讀書，他的車匠輪扁在附近聽到以後就跑來問：

「請問大王！你讀的是什麼書呢？」恒公答：

「我讀的是聖人的經典。」輪扁又問：

「那作書的聖人還在嗎？」恒公答：

「早就死了。」輪扁聽了謙誠的說：

「那大王所讀的書，不過是古人的糟粕（卑微的東西）而已。」

恒公一聽氣極敗壞的大罵說：

「你說什麼？你講個道理給我聽，如果你胡說八道，我就把你處死！」

輪扁聽後不慌不忙的說：

「大王暫請息怒！我是做車輪的人，就讓我用車輪的事做比喻吧！做車輪的人都知道，刀子下的快，就省力氣，但車輪不圓；下刀慢則費力氣，而車輪圓。做車輪最好的技術是，下刀不快不慢，車輪才會做的快，且做的圓。但我這積了幾十年學來的不快不慢的功夫，卻不能傳給我的兒子，祇能對他講一些粗淺的原則，讓他從做實驗中去領會。所以我現在七十歲了，還在做車輪，這樣看來，大王書上所寫的章句，不過是古人聖人一些修身的粗淺原則，真正的聖道功夫並沒有真的傳下來，所以大王所讀的典籍，不正是古人的糟粕嗎？」⑥

輪扁這番經驗之談，主要是提醒齊桓公，即使是能倒背四書，還不如力行實踐來的實際。畢竟，工匠祇能教人方圓規矩，不能傳下多年工藝的造詣；教拳劍的師父，只能傳下基本的招式，卻不能把深厚的功夫留傳下來。

同樣的道理，今天我們要體現孔孟「定靜安慮得」的生命境界，如果不肯切實修持，僅對「四書」停留在熟記背誦的層次，那顯然與先聖的功夫境界是相去極遠的；久而久之，聖學之道，就祇能在圖書館的書架上找到而已。

總而言之，儒家「不動心」與「坐忘」的聖門功夫，惟有透過深刻的心性洗鍊，實地涵泳，才能眞正通貫其文字內蘊的奧秘境界。至於修證之後的「回天體驗」與「無求悅樂」，東西方聖哲均有翔實的記載傳世，成為有志恢宏聖學者的入聖法寶。

註釋

① 王陽明，王陽明傳習錄，卷下。
② 大學，首章。
③ 莊子，南華經，大宗師。
④ 老子，道德經，日損章第四十八。
⑤ 圓敦耶席喇嘛，游祥洲譯，「空與生活」，中央日報，民國七十七年六月廿一日，十五版。
⑥ 莊子，南華經，天道篇。

中西鬼神觀的哲慧啓示

當我們死時，我們並沒有損失，我們是帶著更豐富之生命經驗，回歸生命世界自身了。——唐君毅

壹　鬼神究竟存不存在？

前總統府資政蔣緯國將軍在民國八十六年九月底逝世了。隨著他的仙逝，國人開始把焦點放在蔣氏父子血緣關係的眞假上，而我卻特別關注同年三月，他向媒體說出在榮總開刀房見到國父和蔣公顯靈的特殊遭遇。

根據多家媒體的刊載，蔣將軍民國八十三年在榮總接受心臟大動脈剝離手術。開刀之後，雖然用了大量的止痛藥和麻醉藥，但是他感覺頭腦還是十分清醒，這時突然清清楚楚見到蔣公穿著平常在家裡穿的衣服坐在他旁邊，蔣將軍很高興的說：

「我很高興又能來到你身邊來做事情了。」

蔣公說：「孩子，你不要說傻話了！你要回去的。」隔一會又說：「你還沒有完成使命，你必須回去的。」

又過了一天，蔣公又來說：

「你放心，你一定會回去的，我會陪你一直到你脫險爲止，你放心好了，你會回去的。」

說完，蔣將軍發現從小很疼他的幾位先生也來了，最先出現的是國父。蔣公一見國父就要站起來，國父就按住他的肩，他說，我還有要緊的事情，就要走的。國父說，緯國怎麼樣？蔣說，已經沒問題了，先生請放心好了，而後戴季陶、吳忠信、朱執信三位先生也來了；蔣將軍母親（姚治誠）女士也有來，但沒走太近，老遠的看著。戴季陶先生來的時候，後面跟了一個白衣大師，一看就知道那是觀音大士。戴先生說：

「當你在最痛苦的時候，你只要唸觀音大士的六字真言就可以了。」（蔣將軍解釋，六字眞言戴先生在生前曾告訴他是「不可侵犯」

的意思，戴先生是研究梵文的）

蔣將軍後來解讀蔣公「未完成的使命」指示，是指移靈問題，這是蔣公最掛念之事。①

從國內媒體近年來大量披露的靈異見聞來看，蔣緯國將軍的病中顯靈一事，並不顯得少見。比較特殊的是，國內至今還沒有過聲望、階層如此之高的政治人物，敢於公開的表白。

嚴格的說，蔣緯國將軍的事例，在一個凡事必須講求實證的社會裡，並不足以構成「鬼神確實存在」的證據，不過如果從理智上來分析，卻仍然有許多值得分析的線索：

一、在我們身邊有許多目睹靈異事件的當事人，甚至我們自己都可能有親眼所見，是否都是幻覺？

二、東西方各家聖哲在經典中言之鑿鑿的鬼神典故，是否是在說謊？

三、如果人死了，就一切煙消雲散，那所有宗教、哲學勉勵大家進化至神聖，又有何意義？

四、西哲康德（Immanual Kant）認爲，人的「良心律」直接告訴人「

應行善避惡」，這是每個人實踐理性的普遍無上命令，如果人死就一切結束，那麼「良心律」的存在，就無異是一種荒謬的存在，而如果作善不賞，作惡不罰，這世界同樣也是荒謬的世界。

五、曾有許多人問：「如果我們終究會死，那我們爲什麼又要活著？」我們事實上也可以反問：「如果活的結果就是死，那我們的希望在那裡？」我們甚至還可以問：「如果生命的一切努力奮鬥與精神成長祇是爲了送進墳場，那生命是否真是一種荒謬的存在？」

不論以上我所提出的那一種理由，對於每一個關切自己「死後生命」(Life after Life) 的人而言，都有許多沉思的空間。

不論如何，當前在「死後生命」的追索上，是世紀末人類藉「生死學」展開的「啓智運動」。而它的探索成果，對所有的人類都具有重大的啓示價值。所以這項運動，原本就是人類自古以來從未停止的活動，特別是到了二十世紀末，這項認識死亡的課題，在超心理學家鍥而不捨的努力下，已經開啓了許多全新而令人肯定的研究方向，為現代化而有深度的生死學，奠立了突破性兼具開放性的探索基礎，頗值得關注此一課題的有識者共同來探索。

貳　中西歷史悠久的鬼神觀

從中國古代文獻來看，死後生命與死而為鬼神，是當時人毫無疑問的信仰。周代描述祖先鬼神來往於天上人間叫「陟降」。也相信自己死後能與他們相會，敘談如平生。而且人的形體雖死，魂魄仍可以變成厲鬼作弄人，鄭國的子產就表示過這樣的想法。（左傳，昭七）墨子還講了許多活靈活現的鬼故事，如杜柏射周宣王，莊子儀殺燕簡公，他表示「從者莫不見，遠者莫不聞」，不是一兩個人的閒談而已，所以他以「明鬼」作為其學說理論。②

孔子繼承古代思想，當然相信鬼神的存在。論語「述而篇」記載：有一次孔子病重，子路來看他，然後要代孔子禱告。孔子說：「有這種事嗎？」。子路說：「有啊！古代的祭文就說到過，我就為你向天地的鬼神祈禱。」孔子說：

「我自己已經禱告過很久了。」

這表示孔子定期祭祀，心裡也常向鬼神敬禱。「泰伯篇」裡，孔子還稱讚大禹，說他對禹沒有什麼能批評的。因為禹的飲食非常簡單，而且對鬼神能盡孝道。這說明孔子當然相信鬼神的存在。③

而道家老子認為有道的君主，如果能以德治天下，就能使天神人鬼更安其道，不僅鬼不作祟於人，神也不會傷人。莊子則喜歡談得道的君主，能得到鬼神的敬服。

基督宗教開創人耶穌則以救世主與神子的雙重身份，向信徒宣示神子降生人間，為人類贖罪復活升天之後，必定要度降臨(The Second coming of Jesus Christ)，在世界末日作最後審判。一切人類，不管在世或已死，一律都得經過主的審判，決定永生天國，或永墮地獄。謹守基督教義，在生活中能實踐「信、望、愛」的教徒必能升天享福。

在中西各家中，講鬼神最有系統而具體的，佛家當之無愧。在天堂方面，佛家分為三界諸天。依次為欲界、色界、無色界。

欲界的得名，是因為此界的眾生俱有淫、食二欲，它的範圍包括了地獄、餓鬼、畜牲、人、阿修羅等五道，及天道中的前六天（六欲天」，依次為：四天王天、忉利天、夜摩天、兜率天、化樂天、他化自在天。色界的命名，是因為此界的眾生都是形體殊妙精好，但已無男女相，且以禪悅法喜為食，不再食用世間米麵等物。再者，色界的眾生，都是由修習禪定而後往生的。依其禪定功夫的深淺，分為初禪、二禪、三禪、四禪；每一禪又分為多種境界層次不同的天。至於無色界，「色」是指物質而言。無色界的眾生已無形體（正報）、宮殿（依報）等有形物質，唯有識心處深妙禪定中。既無形體質礙，因此稱為無色。④

至於地獄的種類可歸納為寒、熱、邊三類。寒地獄中，寒冰凍人，身體皴裂；熱地獄則火烤鑊烹，猛焰燒身。邊地獄係指處於山邊水邊，獨自受報之小地獄。

基本上，中西方以「生命的學問」見長的各家，都具有無可置疑的鬼神思想。這些思想的來源，除儒家以繼承古代傳承為主外；其他各家多來自於該教教主，與修行得大成就的聖哲們親自的體證。（在經典上，記載他們可以輕易進入這些領域。）

叄 中西鬼神觀的重要啓示

我每次打開第四台的民藝頻道，就會發現許多地方上舉辦的迎神或驅鬼的龐大信仰活動。這證明台灣地區相信鬼神的人，數量驚人，但是這麼眾多信仰鬼神的人口，對於台灣投機冒險，貪婪短視的社會風氣，並沒有產生明顯的改變效果，說明了鬼神信仰的深層人文意涵，並未眞正深入人心。

易經謙卦彖辭上說：「鬼神害盈而福謙。」鬼神厭惡驕傲自大的人，福佑謙虛之人，這是鬼神觀的第一個深層意涵。

易經上又說：

「故知鬼神之情狀與天地相似，聖人則之，百世同道。」

鬼神之道，就是天地虛而敬之道的最高法則，聖人要完成天命，建立百世不惑的大道，就必須敬畏學習，達到孟子四端之心的純化，這樣聖人才能制禮作樂。換言之，鬼神原本為至誠有德之人所成，我們要把握此一鬼神精神，這是鬼神觀的第二個，也是最重要的意涵。

鬼神觀的這種修身證道的深層人文意涵，最能恢宏會取且更精細闡發的就是佛家。佛家以為人死後，只要生前修十善業，即可上升欲界六天。但若欲進入色眾諸天，則尚須修習禪定的功夫；依其禪定功夫的深淺，而入色界四禪或淨居諸天中。至於想上生於無色界四天上，則除須修習四禪外，尚須修四空定，滅一切內外（內指識心，外指形質。）相對之想方可。三界諸天天人雖然高居六道之首，但佛家認為三界仍是火宅，天人的壽命雖然極長，但仍有生死。惟有超出三界，證入四聖（阿羅漢、緣覺、菩薩、佛），才能免去生死輪迴。

不過，佛教「死後生命」教義最殊勝的地方，就是六道輪迴是否存在，完全是由個人「當下一念」與「心淨一切淨，心染一切染」決定。換句話說，當下心淨之時，生死輪迴立即顯為涅槃解脫；當下心染之時，本來的涅槃解脫境界一下轉為生死輪迴。生死輪迴與涅槃解脫原是一體的兩面，決定同一生命歷程究竟是生死輪迴，還是涅槃解脫，完全在我們隨時隨刻的心境上面，已經和純粹外在化的過現未三世生死輪轉毫不相干。

就我來看，佛家「當下一念」的修養法門，對於深化現代人鬼神觀的人文意涵而言，非但足以啓發世人重新深省修身的重要性；而且對自己轉換一個足以安身立命的智慧人生，更具有曠觀透視的重大啓迪意義。

肆　結語

釋迦牟尼有一次帶領一群弟子到一個村莊裡，看到有村民正在為自己親戚超度。阿難就問：「他們這樣超度有用嗎？」釋迦牟尼檢起一塊石頭，走到花園的水井前，將石頭丟了下去，然後說：「你們現在圍著古井開始唸經，讓石頭從井裡浮上來。」弟子說：

「世尊，這是不可能的，石頭已沈入水底，它不可能浮得起來。」釋迦牟尼說：

「所以你們要好好修行，不要讓自己像石頭一樣掉到井裡，否則要浮起來，就非常艱難。」

根本上，中西鬼神之道上就是一個虛一而靜的至誠無私之道，惟有透過我們持恆修身，淨化心靈，才能與天地鬼神一體同化與天地造化一脈通流。如果不肯眞心修持，一旦大事來臨或有可能，我們就如釋迦牟尼所說，就像一顆浮不起來的石頭，永遠深沉的處在天地生命中最幽暗的底層。

註釋

①蔣將軍這段顯靈見聞記，刊登於數份媒體，本文參考的是時報周刊，八五二期。及吳行健，「蔣公在我病中顯靈」，聯合晚報，八十六年三月九日，三版。

②杜正勝，生死之間是連繫還是斷裂？——中國人的生死觀」，當代，五十八期，一九九一年二月一日，頁二六—四十。

③傅佩榮以為鬼神和人的關係是「孝」，因為鬼神是人的祖先所變成的，「孝」的德行只能用在我們對祖先和父母的關係上。請參閱傅佩榮，圓成生命的理想（台北；洪健全基金會，民國八十二年十月），頁八三。

④蕭登福，漢魏六朝佛道兩教之天堂地獄說（台北：台灣學生書局，民國七十八年十一月），序頁四。

參考書目

壹　書籍部份

大藏經，第三冊，中華佛教文化館影印大藏經委員會，民國四十五年五月發行。

于慶城，仁愛故事一百篇，青文出版社，民國七十七年三月，再版。

方良，人生的錦囊，林白出版社，民國六十五年三月十日，二版。

方俊吉，禮記之天地鬼神觀探究，文史哲出版社，民國七十四年三月。

中岡俊哉著，蔡澄振譯，自殺所說的死後的世界，千華出版公司，民國七十五年十月。

四書讀本，謝冰瑩等譯，三民書局。

王陽明，王陽明全集，文康書局，民國六十九年八月。

艾老編譯，智慧的結晶，中央日報出版部，民國七十九年三月。

久大編譯部，越過疆界——宗教經驗之種種，久大文化公司，一九八九年八月。

牟宗三，中國哲學的特質，台灣學生書局，民國八十三年八月，再版八刷。

老子，道德經。

布萊恩‧魏斯(Brian L. Weiss)，前世今生(Many Lives, Many Masters)，張老師出版社，民國八十一年，六十七刷。

多林‧金德斯利(Dorling Kindersley)著，劉增泉譯，死亡之後的生命，卓越文化公司，一九九五年八月。

托爾斯泰，梁祥美譯，托爾斯泰三六六日金言十——十二月　，台北：志文出版社，民國七十八年七月。

政治作戰學校訓導處編，訓育專書，復興崗印製廠，民國五十六年七月。

李亦園，文化發展的人類學探討，允晨文化公司，民國八十一年一月汪少倫，多重宇宙人生，正一善書出版社，民國七十五年四月，再版。

索甲仁波切，西藏生死書，張老師文化公司，民國八十五年九月，卅九刷。

袁學梅，了凡四訓，財團法人佛陀教育基金會，民國七十九年九月。

吳經熊，禪學的黃金時代，台灣商務印書館，民國七十九年八月，十六版。

吳經熊，內心悅樂的源泉，東大圖書公司，民國七十二年三月，三版。

黃文範，唾玉集，中央日報出版部，民國七十六年三月。

洪明誠，菜根譚，天眞印經會，民國七十七年十一月。

程東，薛冬編，超佛祖師禪，躍昇文化公司，民國八十二年三月。

周增祥，大人物的小故事，道聲出版社，民國七十七年四月，四版。

祝振華，金聲玉振，黎明文化公司，民國八十一年十一月。

新約聖經，國際基甸會，一九七五年。
曾坤章，大進化，偉誌出版社，一九九三年四月，三印。
陳榮捷，王陽明與禪，台灣學生書局，民國七十三年十一月，初版。
陳柏達，改造命運的原理與方法，慈心文化中心，民國七十九年六月，九版。
莊子，南華經。
莊朝根，富蘭克林，世一書局，民國七十九年，再版。
傅偉勳，學問的生命與生命的學問，正中書局，民國八十三年五月。
傅佩榮，圓成生命的理想，洪健全基金會，民國八十二年十月。
楊祖漢，宋元學案，時報文化公司，民國七十六年元月十五日。
鄭子宜，人生圓滿的途徑，天眞與記出版社，民國七十六年四月，四版。
殷登國，古典奇譚，世界文物供應社，民國七十四年七月。
秦家懿，王陽明，東大圖書公司，民國七十六年七月。
劉學隆，修身語錄，國學出版社，民國六十四年四月。

顏炳耀，仁愛的故事，華園出版公司，民國七十七年六月。
華鏞，世界偉大故事選，大千出版公司，民國七十七年。
釋迦牟尼，金剛經。
釋迦牟尼，圓覺經。
蕭登福，漢魏天朝佛道兩教之天堂地獄說，台灣學生書局，民國七十八年十一月。
羅光，「全一的宇宙」，哲學與文化，十八卷十二期，一九九一年十二月。
Jenny rondies & peter Hough 著，李淑媛、謝磊俊譯，靈魂不滅，大村文化公司，一九九七年二月。
Betty J. Eadie著，林曉梅譯，我有死亡經驗，希代有限公司，一九九四年八月。
John boslough 著，牛頓編譯中心譯，霍金宇宙新論，牛頓出版公司，一九九三年三月，初版三刷。

貳　雜誌、期刊、電視、廣播

社論，「慈濟精神的履踐與台灣社會的救贖」，聯合報，民國八十五年五月十日。

社論，聯合報，民國八十六年九月七日。

李玉梅，「小兄弟劫超商，被逮嬉笑如常」，聯合報，民國八十六年四月廿五日，廿二版。

李家同，「窮人陛下」，聯合報，民國八十六年九月七日，三版。

李季準，知性時間，中廣調頻網，民國七十六年六月廿五日。

吳志雲，「神話大火案」，聯合晚報，民國八十六年六月十二日，三版。

吳佩玲，「代子上學」，聯合報，民國八十六年四月二十五日，五版。

吳行健，「蔣公在我病中顯靈」，聯合晚報，八十六年三月九日，三版。

杜正勝，「生死之間是連繫還是斷裂？——中國人的生死觀」，當代，五十八期，一九九一年二月一日。

恆述法師，「橫豎人生」節目，TVBS電視公司製作，民國八十六年元月十五日。

洪榮志，「掐死女兒，婦女判刑七年二月」，中國時報，民國八十六年五月廿日，第十八版。

姜炫煥，「國中女生自導自演綁架案」，聯合報，民國八十六年三月九日，七版。

邵冰如，「大痛與大愛」，聯合晚報，民國八十六年八月九日，四版。

高天恩，追索西文明裡的神秘主義，當代雜誌，一九八九年四月一號，三十六期。

梁玉芳，「垂死之家」，聯合報，民國八十六年九月七日，三版。

陳淑伶，「甦醒」，慈濟月刊，第三三八期，民國八十四年元月廿五日。

陳聯邦，「錢思吾信眾多，不輸宋七力」，聯合晚報，民國八十六年七月四日，三版。

陳舒婷，「讀者論壇」，聯合報，民國八十六年四月廿八日，十一版。

陳淳毅，「愛在街頭蔓延時」，聯合晚報，民國八十六年四月十日，二十版。

傅佩榮，中國思想與基督教之會通，中國文化月刊，第五期，民國六十九年。

傅佩榮，「人性的希望」，聯合報，民國八十六年九月八日，十一版。

景雲開，「神卜披蹤」，青年周刊，二六〇期，民國七十八年八月十九日。

溫筆良，「寬恕敵人並不是很困難」，聯合報，民國八十六年七月二十二日，三版。

黃靖雅，「無來無去清明心」，中時晚報，民國七十九年十二月。

圓敦耶席喇嘛，游祥洲譯，「空與生活」，中央日報，民國七十七年六月廿一日，十五版。

葉長庚，「娃娃認養娃娃」，聯合報，民國八十六年四月廿四日，五版。

雷鳴、唐復年、陳燕模、高年憶連線報導，「湯銘雄槍決」，聯合報，民國八十六年七月二十二日，三版。

雷鳴，「湯銘雄最後禮拜」，聯合報，民國八十六年七月十九日，七版。

警察廣播電台，「謝謝您」節目，陳立輝小姐主持，民國八十五年二月七日。

饒仁琪，『輪迴話題大熱賣』，聯合報，民國八十三年三月十六日，第三十四版。

羅建怡，「他的花生糖，嘗過就難忘」，聯合報，民國八十六年三月二十二日，十六版。

證嚴法師，靜思語錄。

儒家思想與中西哲慧的啟示與融通

著　　者／盧國慶
出 版 者／盧國慶
初版一刷／1997 年 12 月
定　　價／新台幣 380 元

總 經 銷／揚智文化事業 有限公司
地　　址／台北市新生南 段 88 號 5 樓之 6
電　　話／(02)366-0309 6-0313
傳　　真／(02)366-0310
E-mail／ufx0309@ms1 hinet.net

ISBN：957-97246-6-0

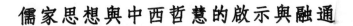

國家圖書館出版品預行編目資料

儒家思想與中西哲慧的啓示與融通/ 盧國慶著
--初版. --臺北市 : 盧國慶出版 ;揚智文
化總經銷，1997[民 86]
面； 公分，
參考書目:面
ISBN 957-97246-6-0 (平裝)
1. 儒家-論文，講詞等 2.哲學-論文，講
詞等

121.207 86013741